DIOSES CONTRA MICROBIOS

Alejandro Gándara

DIOSES CONTRA MICROBIOS

Los griegos y la Covid-19

Ariel

Primera edición: octubre de 2020

Derechos exclusivos de edición en español:
© Editorial Planeta, S. A.
Avda. Diagonal, 662-664, 08034 Barcelona
Editorial Ariel es un sello editorial de Planeta, S. A.
www.ariel.es

ISBN: 978-84-344-3298-7
Depósito legal: B. 14.972-2020

Impreso en España

El papel utilizado para la impresión de este libro está calificado
como papel ecológico y procede de bosques gestionados de manera sostenible.

A los que amaron a pesar del miedo. Kléos

Todo, todo habrá que sufrirlo.

Safo

Prefacio

SOLO HAY UNA VIDA: LA DE TODOS

Las crisis de cualquier especie —económicas, de salud, de recursos— suelen convertirse para los occidentales contemporáneos en una ocasión única para el adoctrinamiento intelectual. Los aspectos objetivos del peligro, los perjuicios y las víctimas son tratados desde el punto de vista de un pensamiento literal, que atiende exclusivamente a los aspectos inmediatos, lineales y comunicables, y que excluye tanto la reflexión como la constatación de la ambigüedad que suele envolver lo real.

Dicho de otro modo, la forma en que pensamos la realidad y la forma en que nos concebimos a nosotros mismos en el mundo es reducida a elementos mínimos y simples, aunque destinados a reforzar las posiciones ideológicas y existenciales con las que venimos viviendo. De este empobrecimiento radical del pensamiento, encaramado siempre en la misma ola que las crisis, participa la comunicación política, científica y de los medios, proyectándose con el mismo sistema de contagio que la Covid-19 en la comunicación personal y civil.

Es decir, nos contagiamos por partida doble.

El repertorio semántico del adoctrinamiento es conocido y se mueve en un eje de transmisión fácilmente asimilable: ha surgido un fenómeno destructivo, hay que cuantificar su expansión y su letalidad, debemos encontrar un remedio (que adquiere generalmente la forma de búsqueda bioquímica o sociobiológica, de vacuna). A continuación, se publican las normas de higiene social, económica o sanitarias pertinentes.

Este método de aproximación a una realidad extrema tiene por objeto poner el statu quo de las ideas a salvo: la existencia responde a unas leyes de causalidad empírica, cualquier objeto que aspire a la categoría de realidad debe tener estructura demostrativa y el mundo se comporta como un artefacto mecánico, en el que cada pieza cumple una función y el artefacto puede descomponerse en partes que son visibles a la vez que manipulables. Todo lo demás queda fuera y privado de sentido. Y políticamente —en el sentido de pertenencia a la comunidad y en el sentido de ejercicio del poder— se le empuja a la marginalidad.

La exclusión no solo afecta a la multicausalidad, complejidad y ambivalencia que generalmente ofrecen los sistemas —factores ecológicos, de modo de vida, de desigualdad material, de moralidad, de relaciones humanas y políticas— antes y después de enfrentarse a una crisis, sino a la propia concepción de lo humano, del sentido de su vida a solas y en comunidad, de la reflexión sobre su conducta y de su respuesta al cambio drástico en las condiciones de existencia.

La pandemia de la Covid-19 revela esta intensificación de los instrumentos de defensa del modelo ideológico que responden a pautas de modelo inmunológico. Al virus se le ha atacado con cuantificaciones diversas —a pesar de que los números han demostrado ser diferentes de los acontecimientos, que no han hecho acto de presencia en la aritmética, mientras las cifras vagaban en el espacio de la imaginación proyectiva del Imperial College o de cualquier otra factoría alérgica al vacío—, pero las ideas han sido reforzadas inmunológicamente con una estrategia parentética: lo que está pasando es algo que pasará, nuestra tarea es esperar a que pase mientras encontramos el remedio. Después, seguiremos con nuestras vidas tal y como las dejamos, tal y como deben ser. (Incluso para que nadie se sienta menospreciado se acepta con benevolencia que la vida y el mundo que vendrán a continuación serán distintos: un nuevo orden, una nueva política, nuevos ciudadanos, nuevas premisas y objetivos. Es aceptable por la sencilla razón de la confianza puesta en el refuerzo del sistema inmunoideológico decretado al mismo tiempo que el confinamiento y la investigación de la vacuna.)

El presente texto aborda la pandemia de la Covid-19 como un modo de transmisión contagiosa de modelos de pensamiento dominantes, pero insuficientes para vivir y sobrevivir en una crisis. Otras crisis pasadas y las que vendrán en el futuro podrían servir igualmente al propósito. Al pensamiento imperante este texto le opone la visión que nuestras fuentes culturales y espirituales, principal pero no exclusivamente griegas, ofrecieron ante las mismas y a menudo mayores dificultades: otra forma de estar en el mundo, de la que supuestamente somos herederos, que hemos ido olvidando, tergiversando y también pervirtiendo.

Desde los veintitrés años he sido profesor de historia de las ideas, particularmente inclinado al pensamiento antiguo, y sobre él y sus correlaciones con el espíritu contemporáneo he escrito textos y monografías. Siempre he estado convencido de que un regreso a esas fuentes es capital no solo por cuestiones de conocimiento, sino porque en ese mundo están las bases de la discusión política y del diálogo en la comunidad. Y está, con las alteraciones, olvidos y escolios pertinentes, nuestra forma de estar con nosotros y con los otros.

En cualquier crisis, la actualización del saber y el compromiso con la comunidad a partir del debate sobre nuestras ideas fundamentales acerca de las cosas suponen el paso decisivo para salir de ella.

La ética de la metamorfosis; la curación y la enfermedad por la palabra; la cuantificación como forma de integración social; las relaciones entre miedo y comunidad; y las relaciones entre confinamiento y biopolítica son los capítulos que conforman este libro y que darán respuesta a los conflictos y tensiones sugeridos más arriba.

Nadie espere un libro de filosofía o de antropología con la retórica académica ni con sus pautas. Ni un libro de especialista, ni de aficionado llevado por la pasión. Lo que aquí va a encontrarse es el lugar en que la filosofía antigua comunica con la vida, con la nuestra, con la de los que han existido y con la de los que existirán. Solo hay una vida: la de todos.

Acontecimientos concretos, experiencias personales y el propio devenir de la pandemia de la Covid-19 también tienen cabida en este libro en el que no solamente hay propuestas del autor, sino que se presenta el autor mismo.

Escribir este libro ha sido también vivirlo.

METAMORFOSIS, ZONA CERO

Desde las ventanas del salón, veo salir del portal de enfrente a un hombre con Corea de Huntington. Está ahí puntualmente a las diez de la mañana. Se queda pegado a la pared junto a la puerta del estanco una media hora. A veces inquieta a los clientes con algún movimiento espasmódico que le sacude el cuerpo de arriba abajo, una especie de danza eléctrica que cesa de pronto. He leído que estos enfermos tienen la sensación de que el suelo se mueve bajo los pies y su extraño baile no es más que un intento de preservar el equilibrio que se ha desvanecido en sus cabezas.

Hoy se cumplen 25 días del confinamiento decretado por el Gobierno español por causa de la pandemia de coronavirus. Vivo en una calle de Madrid del barrio de Chamberí, amplia, bordeada de acacias en las que empiezan a verse los primeros retallos, ya bien entrado abril. Estoy con mi mujer y mis dos hijas pequeñas de 10 y 7 años, cuyos cumpleaños se celebraron en este confinamiento.

Lo llevan bastante bien. Mi mujer teletrabaja y mis hijas, que tres días a la semana reportan con sus maestras por videoconferencia, siempre han sido niñas muy hogareñas, quizá un poco adictas a la reclusión voluntaria y a un ritmo de vida parsimonioso. No hay estrés en esta casa. De modo que no me ha quedado más remedio que aportar yo la dosis necesaria para que esto parezca un hábitat humano, un lugar homologable de civilización.

Desde los 40 años siempre he trabajado en casa, y en los diez años anteriores, a tiempo parcial. Me he considerado afortunado, pues la ventaja de trabajar en casa es notoria para todo el mundo, aunque también lo son sus desventajas. A estas se les puede hacer frente, desde luego, con un orden que suele consistir en un sistema de equilibrios precarios y sutiles, pero inalterables en la medida de lo posible. En mi caso, el orden consta de tres elementos: no acostarme sin saber lo que voy a hacer al día siguiente, seguir los horarios prescritos y hacer deporte al aire libre durante al menos una hora.

Bien, de estos elementos, que se ramifican en otros tantos hábitos mentales, el confinamiento me ha arrebatado los tres. Es difícil planificar el día próximo con dos niñas en casa, pues todo depende de su capacidad para entretenerse por sí solas, de las ayudas que precisan para los deberes escolares, de sus cambios de humor y de cosas por el estilo, de muchas cosas por el estilo. Con la madre, sucede que su teletrabajo es intensivo, un tanto anárquico y siempre sujeto a plazos y ocurrencias creativas, con lo que las rutinas padecen una oscilación horaria regida estrictamente por la casualidad. Y, por último, el confinamiento proscribe salir a la calle y a las zonas comunes de los inmuebles para hacer deporte. He intentado correr en casa, como triste sucedáneo, pero abajo hay un vecino enfermo al que le molesta el traqueteo de mi poderosa zancada, así como los temblores de la lámpara que pende sobre su cama.

En fin, los equilibrios se han venido abajo y observo al enfermo de Huntington, su perseverancia y su puntualidad, su dificultad probablemente creciente, aguantando a pie firme en la jamba del estanco, y me produce ternura y admiración. Esa pelea por un equilibrio que pierde a cada instante.

En mi situación, hay que buscar nuevos equilibrios, de acuerdo. Pero quizá antes haya que admitir y convencerse de que la vieja armonía se ha perdido irreparablemente. Es el intento de repetición de lo que ya no es factible, es el deseo de que la vida no cambie, cuando lo cierto es que todo ha cambiado, la causa de la desorientación. La causa finalmente de una melancolía que puede llevar a destinos más adversos. Los tristes sucedáneos con que alimentamos la ilusión de que nada ha cambiado son efectivamente tristes y nos proporcionan tristeza. Nada más.

Por otra parte, ocultan un daño insensible: niegan la realidad del presente, niegan lo que es real, niegan que todo ha cambiado y afirman que un confinamiento es la misma vida pero por otros medios. Al hacerlo, muestran el horizonte del delirio y de la desconexión con los otros y con las cosas.

Resumiendo, no se trata de un cambio de circunstancias. Se trata de que es otra vida.

Pienso en ello con una ironía algo sangrante. Durante años o siglos he enseñado pensamiento antiguo y he mostrado la importancia de conceptos como el de metamorfosis o de rito, con los que el mundo de otro tiempo adquiría conciencia de que las cosas cambian y de que hay que hacerlo saber. Un tiempo en el que el paisaje cambiaba mucho. Pestes, hambrunas, guerras..., sucediéndose como en un tiovivo. Una época de prosperidad no era propiamente una época, sino un milagro. Un ateniense de finales del siglo v de 50 años de edad había participado en tres guerras, había visto a la peste diezmar su ciudad, había sufrido la invasión y la reducción a escombros de Atenas, y conocía la escasez y el hambre dentro de un repertorio cíclico y garantizado. Pero no hay que irse tan lejos: un occidental de la misma edad a mediados del xx había conocido dos guerras mundiales (un cálculo intermedio arroja un total de 90 millones de cadáveres), una epidemia de gripe con todas las secuelas que quepa imaginar (en España dejó 260.000 muertos y 50 millones en el mundo), más crisis económicas de toda clase y condición.

El mundo cambia. Nosotros debemos cambiar con él. No basta con aceptar que las cosas han cambiado y ni siquiera basta con adaptarnos a los cambios: nosotros debemos cambiar. Puedo adaptar mis hábitos durante el confinamiento a las nuevas circunstancias y correr dentro de casa o hacer pilates; puedo renunciar a dar clases presenciales y darlas con alguna herramienta de videoconferencia; puedo adaptarme a escribir solo a las horas en que eso sea posible dentro de las oscilantes obligaciones familiares. No significa nada. Si hago ejercicio, doy clase y escribo con la antigua tensión, con la disposición y las metas anteriores al virus, sigo manteniendo en mi interior la vida que ha cambiado en el exterior.

El estrés aumentará, además, porque las condiciones en que realizo esas actividades son mucho menos adecuadas que antes. Se expandirá por el alma y por la casa, y el infierno del sinsentido se servirá en bandeja.

metamorfosis antiguas

La noción de metamorfosis en el mundo antiguo es un concepto sutil y polifacético. También esconde una metáfora y una lección.

En la creación por la palabra del Génesis 1 del Antiguo Testamento, la metamorfosis está inoculada no solo en las criaturas, sino también en el orden general de la Creación. La tierra y el mar esconden monstruos: Behemot, Leviatán, toda clase de sierpes que se arrastran por el suelo... ¿Qué es un monstruo? La metamorfosis del orden. Un reverso de lo que somos capaces de imaginar o soportar, lo inadmisible, lo que repugna a la sensibilidad, lo que apartamos de la vida. Pero no andan tan lejos de nosotros. De hecho, han sido creados para que actúen como espejo humano, respecto de la medida humana, a la que ponen en cuestión como canon de la naturaleza. Sin nuestro sistema de magnitudes y nuestro orden y nuestra sensibilidad los monstruos no habrían sido creados. En realidad, sin ellos tampoco existen. No los veríamos. No los vemos. Cuando perdemos nuestra condición de humanos, somos ciegos. Nos hemos quedado sin medida, hemos perdido la sensibilidad, el orden de referencia, y entonces los monstruos se pasean ante nuestros ojos sin que nadie lo advierta. Son nuestra metamorfosis.

El Dios del Génesis no solo crea monstruos, también puede generar posibilidades monstruosas. Son las que afectan a la Creación en su totalidad, y están ahí desde el principio, desde el *bereshit*. Desde que se originó todo. La Tierra flota en las aguas siderales inferiores, y por encima Dios la protege de las superiores mediante el firmamento: el Hacedor lo ha labrado a golpe de cincel. Es transparente, por eso cuando miramos hacia arriba vemos el color azul de las aguas. Pero el firmamento no es una gran cúpula uniforme, sino que está formado por dos compuertas. Si se abrieran, las aguas inundarían la Tierra.

No tardará en pasar. Dios, irritado con la Humanidad, enviará el Diluvio. Seis capítulos después de haber creado el mundo, unas pocas páginas más allá. No ha esperado mucho. La razón es sencilla: las cosas no esperan mucho para cambiar, el orden de las cosas es precario y dispuesto a mudar en cualquier momento. Dios es también una metamorfosis, es un actor que cambia de pensamiento y de registro según el guion que le entregan.

Como ha mudado esta calle de Chamberí, sin cambiar aparentemente de semblante. Ahora es un monstruo. En la manzana de enfrente hay un estanco, dos restaurantes, una farmacia, una tienda de aparatos de musculación, una frutería. En el estanco suele haber un par de clientes haciendo cola. En la farmacia alguno más y de forma más continuada. Durante años, han sido sitios que veía por la ventana y que he visitado.

Existían por sí mismos, tenían su propio aliento de vida. Ahora, sin embargo, son una presencia en mi hogar. Están *dentro*. No son un decorado, ni lo que se ve por la ventana, ni respiran por su cuenta. Yo los miro igual que miro a las dos tortugas del acuario, el estado del suelo de madera, alguna humedad que podría descontrolarse. Me dan la temperatura del bienestar, me hacen señas por si hubiera algo a lo que prestar atención, que recomponer.

Lo cierto es que mi calle ya no es una calle. Ni siquiera tiene peatones suficientes, ni tráfico, ni anuncia cambios de temporada en los escaparates, ni ensaya luces nuevas o produce altercados o reconciliaciones o tertulias en una terraza. Es como una gran ciudad debajo del mar, una de mis pesadillas favoritas y, al parecer, también de Hollywood. Fue construida para algo, para un sistema de vida, y ahora es simplemente una de las caras del temor o de la amenaza. Ya no está habitada por la humanidad, que ha renunciado a ella. En ese sentido es un monstruo y también en ese sentido se parece a la Creación divina. Hay un reverso, una contramedida, un espejo deformante que siempre estuvo ahí. ¿Llegará un momento en que el monstruo sea considerado una presencia tan normal como antes lo era una madre con su carrito de bebé?

Ayer, a última hora de la tarde, un hombre de mediana edad con aspecto de ejecutivo iba a pie por el carril bici en dirección al centro. Caminaba pensativo, no sé si especialmente preocupado, aunque no me lo pareció. Llevaba las manos en los bolsillos del abrigo. Se me ocurrió que corría peligro de atropello por algún repartidor de Glovo o de Uber o cualquier otro. Después, calculé que la frecuencia de paso de las bicicletas por su carril es muy baja y que el ejecutivo tendría tiempo de ponerse a salvo. ¿Él ya lo había pensado? En todo caso, ¿por qué se había puesto a pasear por el carril bici teniendo las anchas aceras de un bulevar a su disposición?

Se me ocurrió que era una forma personal de expresar simbólicamente la distorsión. Nadie hacía ya los caminos habituales y, si los hacía, no encontraba los hitos, las referencias o las circunstancias predecibles. Necesitaba verse a sí mismo alterando un orden que antes habían alterado para él. Necesitaba un conocimiento sensible, una experiencia en carne propia de lo que es un cambio radical. Si nuestra carne no habla y no siente cuando se produce una metamorfosis, entonces es que nos hemos protegido contra ella, que impedimos su entrada en la conciencia.

A veces, tenemos que ser nuestros propios monstruos para darnos cuenta de que los monstruos existen. Porque muchas veces no queremos creer en ellos. Porque muchas veces los monstruos somos nosotros.

Hoy, durante toda la mañana, he visto a más gente caminar por el carril bici cargada de bolsas de la compra, paseando al perro o yendo con el carrito al gran supermercado de la glorieta que hay un kilómetro más arriba. Es una procesión absurda y me dan ganas de darles un grito y preguntarles por qué lo hacen.

Los griegos antiguos y arcaicos, a diferencia del Génesis, consideraron que las metamorfosis formaban parte de un tipo de experiencia personal, quizá íntima. La palabra *experiencia* para ellos tiene un significado más radical que para nosotros: es lo que deja huella.

Nuestra palabra equivalente en la actualidad, empírico o empirismo, no tiene ni de lejos el eco que tiene la griega. Salvo que la utilice un político con su habitual desparpajo, su campo semántico es el científico.

Hay catástrofes externas y hay catástrofes internas. Suelen estar relacionadas, aunque no siempre. Si uno no está dispuesto a aceptar y a asimilar que las cosas han cambiado, el daño se lo produce uno mismo, y es independiente de lo que suceda afuera. Generalmente, quien no acepta los dolores de la vida, se produce a sí mismo uno que es de su exclusiva propiedad y responsabilidad.

Aunque no lo parezca, a esas manifestaciones internas, desbordantes, desconcertantes, hubo gente que las llamó dioses. Son esos griegos, precisamente, que, a partir del siglo VIII a. C., fueron dejando su testimonio por aquí y por allá. No tenían mucho sentido del pasado y mucho menos aún del futuro, de modo que lo que nos queda de ellos es lo que han querido el azar y la furia destructiva de los sátrapas y de los imperios.

qué es un dios

No es tan complicado como parece. Un dios, para un griego, no es más —ni menos— que el sentimiento de que el ser interior e individual produce de vez en cuando en situaciones críticas una fuerza que es superior a él. Por ejemplo, cuando uno se enamora es arrastrado a las turbulencias de sus propias emociones, de sus deseos y sospechas, de sus fantasías, sin que haya forma de controlarlas, someterlas. Uno no es dueño de lo que en él mismo se origina. Soy yo el que se enamora, sin embargo, el amor que yo he generado es superior a mí. ¿Hay, por tanto, una fuerza exterior que me ha inculcado el amor?

Hay gente que en momentos de desesperación es capaz de levantar un coche en vilo para salvar la vida de un hijo. Ignoramos de dónde sale semejante vigor. A muchas personas el pánico las paraliza. Esa también es una fuerza, aunque negativa. Es un poder propio y ajeno. Sale de dentro y se manifiesta como superior al sujeto.

Nos transformamos, de repente. Pero no tenemos explicación para la energía que se ha desplegado desde el interior. Como no lo podían explicar, los griegos hablaron de lo divino. Su poesía creó panteones. Sus poetas inventaron el hexámetro, la lengua en la que hablan los dioses. La lengua en que se canta a los héroes inmortales, pues el héroe es cantado en la lengua de los dioses. Por eso su fama es imperecedera.

Por si no quedaba claro de qué iba el asunto, también los dioses se transformaban con cierta asiduidad, de ese modo muestran la naturaleza de los acontecimientos que nos desconciertan. Ahí está Zeus, toro, cisne, lluvia, figuras arrancadas a imagen de su deseo; Atenea en cuerpo de Néstor o de Mentes, aconsejando a Telémaco y a Odiseo en su regreso a Ítaca; Dafne convertida en laurel ante el acoso de Apolo.

Y así, Agamenón achaca su furia contra Aquiles a una erinia enviada por Zeus; Paris, acobardado ante Menelao, es rescatado por Afrodita; y también Afrodita sujeta la mano de Aquiles cuando este quiere responder con su espada a la afrenta pública de Agamenón.

Las metamorfosis no son únicamente un motivo literario, sino que suministran un concepto fundamental para la comprensión de los enigmas y las dificultades de la vida. Así lo entendió Ovidio, a quien debemos no solo la recopilación, sino sobre todo el legado de una tradición que hacía de las transformaciones, del cambio y de las vueltas que da el mundo el principio central de la sabiduría de la existencia. (*World upside down*, decían los ingleses del siglo XVII: el mundo siempre está patas arriba. Y qué decir de nosotros los contemporáneos: salimos de una crisis para entrar en otra, y siempre ponemos cara de sorpresa.)

La cuestión, por otro lado, es sencilla. No podemos seguir siendo los mismos. Quizá hagamos las mismas cosas, puede que incluso el núcleo del carácter permanezca inalterable, pero a condición de que revisemos nuestra jerarquía de valores, nuestros métodos de conocimiento, el lugar que ocupamos entre los otros. No se trata únicamente de que las circunstancias hayan variado. Se trata de que la metamorfosis es una estructura de la vida que se presenta como una exigencia.

Hay una ocasión extrema que inevitablemente interroga nuestras creencias y a lo más profundo de la identidad. Tiene lugar cuando nos enfrentamos con la muerte, cuando la vida está en juego, cuando, como los héroes antiguos, la desafiamos. No hay otra definición de héroe: héroe es el que desafía la vida. En consecuencia, todos estamos llamados a ser héroes si aceptamos el desafío. Y una vez que se acepta, se acepta también que vamos a cambiar, que seremos distintos y que eso conlleva dolor. Por tanto, el héroe conoce la muerte tanto como las transformaciones de la vida. No es un tipo con superpoderes, ni un atleta consumado, ni un miembro del club de los seres extraordinarios. Su talento es mucho más sencillo y mucho más difícil de adiestrar. Desafía la vida conscientemente y acepta las transformaciones que se derivan. Y en el fondo de su corazón sabe que él no puede hacer otra cosa, porque sencillamente las cosas son así.

Una tradición filosófica y literaria de la antigua Grecia hace que el arte y el conocimiento solo puedan obtenerse tras el viaje al Hades. A ese reino, donde ni los dioses se aventuran, bajan el cantor Orfeo y el artero Odiseo. Pero también baja Parménides, el filósofo de Elea, y antes y después de él todos los que profesaron las doctrinas pitagóricas. (También bajamos nosotros cuando lo que amamos nos abandona o nos separan de ello.)

Orfeo, que movía con su música las rocas y los árboles, bajó al reino de la muerte en busca de Eurídice, tras haber calmado al fiero Cerbero con sus acordes. Como se sabe, la aventura no salió bien. Pero a su vuelta a la superficie se dice que inventó la escritura y la agricultura. Nadie baja al Hades en vano. Nosotros, confinados en casa y sintiendo que la enfermedad ronda las calles, la gente se hacina en los hospitales y las ambulancias chillan en el asfalto, tampoco sufriremos en vano. Si lo aceptamos, si lo asimilamos, volveremos a la superficie, como Orfeo, más sabios. También Odiseo y Parménides regresaron más sabios. Odiseo aprendió a volver, algo sumamente complicado para un viejo guerrero, después de veinte años de ausencia. Parménides aprendió que los hombres deben elegir en el fondo de su alma entre la vía de la verdad y la de la opinión, entre el conocimiento y la apariencia de conocimiento.

Pero la sabiduría adquirida en el desafío no tendrá nada que ver con lo que imaginamos y con lo que escuchamos a diario en las tertulias, los canales de *influencers* o de los que dictan opinión: una sociedad más justa, un sistema económico más fiable o una comunidad más solidaria. La sabiduría no tiene que ver con logros ni conquistas, y probablemente tampoco tenga que ver con mejoras o reparaciones. Tiene que ver con aceptar lo que somos sin condiciones. Nuestra mortalidad, precariedad, fragilidad, miedo, imperfección, cobardía, deseos insatisfechos... y también tiene que ver con aceptar que no pudimos ser los que quisimos, que tampoco pudimos tener lo que queríamos, que la trayectoria personal es un cúmulo de errores y de caminos torcidos y que, finalmente, tampoco podemos estar seguros de todo lo anterior. Tampoco de eso.

Es un hecho que vamos a transformarnos, que ya nos estamos transformando. Podemos intervenir en la dirección y el significado. Si aceptamos que estamos encerrados y lo que supone este encierro o si tozudamente nos quedamos esperando a que concluya y a que se reinicien los planes. Lo que sucede es que de este último modo nos irá poseyendo un sordo rencor contra nosotros mismos, contra los demás, contra la naturaleza, contra los acontecimientos, resultado de la falta de armonía de la conciencia con lo que la rodea.

Odiseo creyó que podía volver a Ítaca con el mismo repertorio de ardides y destrezas que le habían hecho ganar la gloria frente a las murallas troyanas. Era un guerrero victorioso, un táctico experto, y además disponía de una buena caja de herramientas mentales para salir de los entuertos (*poliplanés*, lo llama Homero).

Creyó que con eso bastaría para gobernar una nave y hacerla navegar en la dirección adecuada, hacia el suroeste, unos cinco días. Al final, fueron diez años. La ida es un asunto y el regreso es otro. Así de simple. Por eso se nombran de distinta manera, por eso la meta, las habilidades y las esperanzas que se ponen en juego son también distintas.

Además, Odiseo se muestra incapaz de preguntarse qué es lo que le espera y, sobre todo, quién le espera. Después de veinte años, ¿quién es Penélope, quién Telémaco? Odiseo es alguien que va, que siempre va a alguna parte, que domina el arte de ir a los sitios. Pero del regreso lo ignora todo. Esa es la razón por la que Ítaca no cambia en su cabeza, porque está yendo, porque el tiempo no ha pasado. En realidad, para Odiseo nada ha pasado. La realidad está quieta, ensimismada, fiel a una idea. Lo que le separa de su isla y de sus seres queridos es un poco de tiempo y un poco de espacio. Ciertamente, ha habido un paréntesis, pero los paréntesis, como bien se sabe, son cosas de las que se puede prescindir sin que se pierda el sentido. Están aparte. ¿Aparte de qué? Aparte de los deseos, de la voluntad, de los vuelcos de la fortuna, de los otros. Aparte de mí mismo, centro y circunferencia de todo lo que existe.

De esa manera es como acaba ofendiendo a los dioses. Y no a cualesquiera, nada menos que a Helios y a Poseidón, a los emperadores del sol y de la mar, lo que para alguien que navega equivale a la naturaleza en su totalidad. Así es, Odiseo ofende a la naturaleza con su soberbia de hombre que cree saber lo que quiere, que no ceja, que persigue sus objetivos hasta el último aliento: «Oh, tiempo, no has de jactarte de hacerme cambiar, pues yo he de permanecer invariable a despecho de ti y de tu segur».

Hasta que un buen día Circe se apiada de él y le indica el camino del Hades. Vete a morir un poquito, parece decirle, y quizá cuando vuelvas seas capaz de distinguir el camino. Que Odiseo deje de ser Odiseo, que Troya sea también las ascuas de una ruina en la memoria, que del viejo guerrero nazca el hombre que lleno de temores y de cicatrices vuelve al hogar, al regazo de su mujer, al abrazo de su hijo. Eso es lo que significa ese famoso canto XI, pues allí no recibe ni mapa ni orientación. Como mucho, le recomiendan que evite los peligros, aunque tampoco con demasiada insistencia. Al fin y al cabo, el verdadero peligro para Odiseo es Odiseo mismo. (*Odisseús*, en el que resuenan *hodós* —camino—, *oudeís* —nadie—, *odé* —canto—.)

Creo que el dueño del estanco de mi calle se llama Roberto, se lo he oído a otro hombre que habla con él por la noche, a través de la cancela, cuando hace rato que ya ha cerrado. No sé por qué hablan así, con celosía de por medio, como los amantes o los conspiradores. Da la impresión de que la vivienda del estanquero debe ser aneja al local y deduzco que sus niveles cotidianos de reclusión en situación normal deben de ser equiparables a los míos.

El caso es que todas las mañanas, antes de abrir el establecimiento, sale escoba en mano y barre la acera hasta el bordillo y las acacias. Me fijé en él los primeros días del confinamiento. La gente que limpia su trozo de acera me recuerda al pueblo de mi infancia, aunque allí barrían y remojaban un empedrado de guijarros. Creo que ya al final de la primera semana amplió su campo de operaciones a la acera del restaurante de al lado, especializado en comidas caseras y que permanece cerrado desde el decreto. Más tarde, comenzó a barrer la cafetería del otro lado, que tiene una terraza con toldo y una plancha de césped artificial. Es probable que acabe extendiendo el territorio hasta la tienda de aparatos de musculación. Cerca de veinte metros de acera lineal a lo largo, seis a lo ancho.

No tarda mucho, pero se necesita cierta energía para que la tarea suponga un esfuerzo aceptable y él mismo no considere esa labor con extrañeza. ¿Por qué lo hace? Supongo que no quiere ver cómo se acumula la suciedad en las lindes del área del estanco, porque entonces ya no parecería tan limpio. La limpieza, como tantas cosas, necesita un poco de perspectiva. Si la mierda se acumula en el paisaje, un cuadrilátero despejado no significa nada. Aún peor, lo vuelve todo más sucio, pues hay con qué contrastarlo.

La segunda opción es que quiera comportarse como un buen vecino. Él tiene que hacer acto de presencia en su negocio y a los otros se les prohíbe. ¿Por qué no echarles una mano? ¿No lo harían ellos por él? Un día volverán y se sorprenderán al ver barrido su trozo de acera. Se lo agradecerán y aumentarán su consideración hacia él. No hay que menospreciar un ápice más de prestigio entre la vecindad, sobre todo cuando se regenta un negocio.

Y puede también que, a su modo —como el ejecutivo caminando por el carril bici a la suya—, esté representando para todos los que le observamos y desde luego para sí mismo el hecho de que ha habido cambios y de que esos cambios afectan, por ejemplo, a la responsabilidad de la limpieza de las aceras. Pero eso no es todo, ni siquiera lo más importante.

Lo importante es que alguien tiene que encargarse de la ausencia. Alguien tiene que expresarla y darla a conocer, y nadie mejor que él, que está presente, que lo han dejado presente. Podría hacer como si no pasara nada y seguir a lo suyo, en la expendeduría, entre cajetillas de tabaco y papel de liar, mecheros y pipas. Al fin y al cabo, a él no le ha pasado nada y podría hacer como si no pasara nada. Como si esto fuera a acabarse pronto o de un día para otro. Restarle gravedad y dejar pasar las jornadas en silencio.

Y es entonces, al proclamar el estanquero —modesta y hasta inconscientemente— que él se encarga de la ausencia, de los que se han ido, de los negocios cerrados, de la limpieza de las aceras que se han quedado sin dueño, cuando la higiene y la buena vecindad adquieren su verdadera magnitud, pues quedan sometidas a las reglas del rito. Un rito que se realiza con una simple escoba. Los hay que se realizan con menos, porque lo que importa es otra cosa.

ritos y mitos

¿Y qué es un rito? No es que queden muchos. Técnicamente, un rito es la actualización de un mito (*mýthos*, la palabra en acción), la actualización de un relato sagrado: la eucaristía es la actualización de una cena de hace dos mil años, en el que un mesías dijo que el vino era su sangre y el pan era su carne, y que le recordaran consagrando esa cena. Hay ritos amorosos, de iniciación, de paso, todos con sus correspondientes mitos.

¿Y qué es un mito? Un mito es sencillamente un relato con una verdad inherente, aceptada, escurridiza, y a la que se llega por caminos distintos a los de la ciencia contemporánea. Es una de las formas que adopta la palabra para transmitirnos algo esencial y que cada uno debe desentrañar en el fondo de su corazón. No sirve la interpretación literal, ni la demostración, ni la falsación, ni las experiencias de prueba y error.

El mito despierta un sentimiento y en el fondo es una especie de música: cada cual la siente a su modo, permite variaciones, el acercamiento es individual. Lo que no varía es la verdad inmanente. Y lo que no varía tampoco es que todos lo compartimos. El mito es de todos y para todos. Por tanto, es de cada uno y para cada uno.

Ciertamente, para que el esfuerzo del estanquero de mi barrio remitiera a un mito, un mito relacionado con la metamorfosis, tendríamos que compartirlo los demás, su comunidad, una comunidad. No tenemos ese mito, no tenemos ese relato. Aunque tenemos a los griegos, que no hablaban de otra cosa. Toda la mitología griega podría sintetizarse en una verdad universal: que la naturaleza y la vida están hechas de cambios, que estamos vivos y conscientes porque cambiamos. Desde el viaje de los argonautas al de Odiseo, y de los amores de Zeus a los de Apolo, pasando por la creación de los hombres y el sinnúmero de seres intermedios que pueblan el cosmos, todo es mutación, todo está al borde de la discontinuidad, todo dice que este momento de paz aparente y de tranquilidad es una anomalía en el curso de los acontecimientos que aguardan apelotonados contra las débiles compuertas del presente. Como el agua de Dios contra el firmamento.

Y para que lo que hace el estanquero del barrio fuese un rito, tendríamos que salir todos cada mañana a barrer nuestra acera. Tal vez cantando algún himno común o llevando cierto compás. El mito es compartido, pero los materiales del rito también. El sentir es libre, pero los objetos son sagrados.

Decíamos que la mitología sobre la metamorfosis escondía una lección y una metáfora. La metáfora es la insistencia no solo en que el mundo cambia, sino en que fue concebido para el cambio, en el cambio, desde el cambio. Universo: lo uno, lo diverso, todo en pugna, tensión entre lo opuesto, violencia significativa para hacerse con el imperio de lo real (del latín *universus*, conjunción de *unus* y *versus*, el uno en movimiento, diríase). Pensar y sentir son actos posibles porque las cosas están en movimiento, disputan, crean amenazas, se pervierten. Si no, seríamos seres durmientes, hipnagógicos, apenas capaces de diferenciar entre nosotros y lo exterior.

La lección implícita es que se puede aprender a cambiar. En realidad, que tenemos que aprender si queremos seguir vivos y si queremos vivir. Que se puede. Que si aspiras al vellocino de oro o sencillamente a volver a casa más vale que aprendas a cambiar. No es fácil ni difícil. Es aprender. Lo curioso es que aprender es también cambiar. Cuando aprendemos algo nos convertimos en otro, vemos las cosas de otra manera, nuestros juicios y nuestras inclinaciones mutan insensible o abruptamente. A menudo, nos trasladamos en el espacio, elegimos a otras personas, nos pensamos de otro modo.

Si podemos aprender, podemos cambiar. Solo se necesita disposición. La disposición del héroe: desafiar la vida. Parece algo de valientes, pero en realidad solo es comportarse con arreglo a lo que hay. («Hay que pensar como un héroe para comportarse como una persona simplemente decente», escribió Andrew Marvell, poeta del siglo XVII. Yo podría decirlo de otro modo: para ser un héroe, basta con que pienses como una persona con dos dedos de frente.)

Sí, nuestra época es alérgica a la transformación, del mismo modo en que es alérgica a la muerte. No hay diferencias entre un antisistema y un tiburón de Wall Street: ambos tipos quieren ser ellos mismos, ambos aspiran a la autenticidad, el famoso concepto que puso en circulación el filósofo Charles Taylor. Ambos tipos se sienten secretamente inmortales. Lo peor que le puede suceder a un individuo que aspire a la consideración social es ser mudable, contradictorio, voluble. Los cambios de régimen de vida, por su lado, sientan muy mal. Divorcios, mudanzas, desprofesionalización, adaptación, suelen ser procesos penosos y que se sufren con escaso apoyo y comprensión. Una parte del estigma de la enfermedad también tiene relación con esos malos sentimientos respecto del cambio. La enfermedad altera el cuerpo y deja su huella, reordena los valores, hace planes, desvela errores.

Los occidentales del primer cuarto del siglo XXI quieren ser de una sola manera y con un solo carácter, de principio a fin de sus vidas (mientras se convencen de que no hay final para sus vidas: ¿no son los deseos esencialmente imperecederos?). Puede que ahí resida el motivo de que tengamos tan alto concepto de nuestras metas y logros: que mientras los perseguimos seguimos siendo los mismos. Y este es el verdadero objeto, volverse inalterable, no aquel al que perseguimos o decimos perseguir. Por eso, si nos hacemos ricos y famosos nunca estamos satisfechos, porque deseamos más riqueza y más fama, aunque no por la riqueza y la fama. Es para poder seguir siendo los que quieren riqueza y fama. Ser los de antes, los de siempre, los eternos.

Me cuesta estar atento a los medios informativos. Se han convertido en máquinas de negación del presente. Es verdad que dan cifras y se muestran terriblemente alarmados y que muchas veces parece un cortejo de plañideras sicilianas con pañuelos de Hermès. El negacionismo actual no tiene que ver con la enfermedad, sino con la vida que estamos viviendo, que a nadie importa. Como en el fondo tampoco importan las muertes, salvo para las víctimas y los deudos, y para el temor que infunden.

el futuro, a escena

Desde todos los ángulos de las pantallas y los tabloides surge una pregunta que con su solo efecto bien podría encender los aparatos a través de los que se propaga, a saber, qué sucederá cuando todo esto haya pasado. Es una pregunta, pero suena como una letanía entonada por *castrati*, voces virginales cuyo único placer consiste en escucharse a sí mismas.

Es la comunicación de moda, la cháchara *cool*, lo que llevaremos en verano con aroma a prenda. Hay series de televisión, secciones de opinión, magazines, revistas especializadas —aparte de millones de chats en la red— dedicados a inventar escenarios futuros y a disfrutar con nuestra completa ignorancia sobre el asunto. Antiguamente, un profeta ganaba más dinero adivinando el presente que poniendo a vagar su fantasía sobre el futuro. El presente es lo difícil. El futuro está al alcance de cualquiera con tiempo libre. Ignorándolo todo sobre el coronavirus —ni qué es, ni duración, ni extensión, ni posible curación—, nos hemos echado a planear el fin de la plaga, las consecuencias económicas, psicológicas y sociales, los inevitables cambios que sobrevendrán en hábitos y mentalidades, en escenarios políticos. Y nos escuchamos unos a otros con total devoción y total desconfianza. Es lo que nos gustaría saber, convencidos a la vez de que por ahora es lo que no puede saberse. El nuevo género no es necesariamente apolítico —también de moda—, sino que oscila entre el sermón y el diálogo de sordos. Habrá que buscarle un nombre.

El tipo de conocimiento que suministran tales planteamientos es el mismo que anuncia la tienda de tarot y ocultismo que hay en una calle paralela y que en letreros parpadeantes promete limpiezas espirituales y clases de chamanismo.

Es comprensible que la inquietud haga asomar la cuestión en la conciencia y en las conversaciones privadas, con propósitos catárticos. Es mejor soltarla que devanarla a solas. Al enunciar lo que nos da miedo lo representamos fuera de nosotros y comprobamos que es compartido, lo que no solo alivia el peso de la carga, sino que facilita su asimilación. He aquí una invención de la tragedia, la purificación de las emociones por el método de representación, que trataremos enseguida.

También es comprensible que las empresas, que tienen que tomar decisiones sobre el trabajo de las personas y por tanto sobre sus vidas, pergeñen escenarios posibles y hagan cálculos sobre las opciones de supervivencia.

Pero solamente puede entenderse que los altavoces sociales capten grandes audiencias farfullando escenarios futuros por la dificultad creciente de la población en concentrarse sobre lo que ahora nos está pasando. Y esta dificultad toma dos vertientes: la capacidad para enfrentarse al cuadro presente de aislamiento, más el consiguiente trastorno en las relaciones con la propia soledad y con los otros; y la negación del peligro mortal que nos acecha.

La vida en reclusión requiere transformaciones y una reevaluación de lo que somos y hacemos. Es decir, exige el cambio profundo que la vida en sociedad rehúye por sistema y conscientemente. Rehuido, entre otras cosas, porque nos obliga a prestar una atención absoluta al presente, una vez desalojadas y rescindidas las metas con las que antes nos conducíamos por el tiempo.

Qué hacer conmigo y con los otros, qué hacer con mi soledad y la de los otros cuando los objetivos socialmente justificados han desaparecido del paisaje. La proyección, por fantasiosa que sea —y lo es a más no poder—, de un escenario futuro es una variante del sistema de horizonte que guiaba nuestra vista y nuestras acciones.

Lo cierto es que, sin algo ahí afuera y allá lejos, el sistema de vida occidental y la conformación del carácter de los individuos se queda prácticamente sin sustancia. Cada uno de nosotros se siente no como lo que es, sino como lo que será. Nuestra identidad está en futuro, señalaba Heidegger. Pues bien, el coronavirus está en presente. Mala suerte para la metafísica trascendental, que tendrá que esperar otro momento.

Hay que jugar con los niños y hacer los deberes con ellos, encontrar puntos de armonía y consuelo, volver a una intimidad radical con la pareja, reescribir estrategias, prestar oídos a las inclinaciones, ocuparse del hogar, prevenir, cuidar. Sobre todo, cuidar.

El polo opuesto —lo contradictorio— del logro futuro es el cuidado. No hay nada más presente, más despojado de argumento, más desnudo de ropaje social, menos ambivalente desde el punto de vista de la satisfacción. Nada que exija tanta entrega a algo que no somos nosotros mismos, que traiga a nuestra presencia, invadiendo nuestro espacio significativo, seres que ocupaban otro espacio.

Por supuesto, el cuidado no es únicamente el de los enfermos, el más paradigmático, aunque no necesariamente el más radical. Es el cuidado también de los que están vivos y en peligro, de los que han llegado a este lugar previamente diezmados, de aquellos a los que hay que proteger, porque no están en condiciones de defenderse por sí solos. Y desde luego hay que cuidar el amor, la sensibilidad, la ternura, que son los que dan valor al hecho de haber sobrevivido.

¿Alguien puede asegurar que nuestra educación, nuestra forma de relacionarnos socialmente, nuestra forma de pensar lo que queremos y de construir nuestros deseos nos dispone fácilmente a esta clase de sentimientos?

Todos esperamos ansiosamente la vacuna contra la Covid-19, pero no para salvarnos de la enfermedad o de la muerte o de las consecuencias del contagio, sino para que nos salve de tener que estar aquí, a cara descubierta con un presente que exige desnudez y entrega. Que exige dejar de ser los que éramos.

Y, por supuesto, no tememos a la muerte. La razón es sencilla: la muerte es lo que les pasa a otros.

Si no, ¿quién les ha dicho a esos líderes de opinión que habrá un escenario futuro? ¿Les preocupa porque están convencidos de que van a sobrevivir? ¿Les van a contar sus escenarios probables, sus opiniones sobre lo mucho que vamos a cambiar, la imposibilidad de que todo vuelva a ser como antes, por ejemplo, a los que han muerto? Quizá podrían conocer el verdadero alcance de su discurso si se lo dieran a la asamblea de víctimas mortales que han caído durante esta pandemia. Claro que tendrían que viajar al Hades. Quizá entonces comprendieran mejor lo que están haciendo.

A los deudos no haría falta, porque ellos ya saben que nada volverá a ser como antes.

Creemos, por otro lado, que la ciencia lo conseguirá más tarde o más temprano. Es una creencia que se lleva bien con la idea de alejar a la muerte de nuestro pensamiento. Y además, tiene un fondo religioso conocido: la resurrección de los muertos.

Una paradoja que hay que tener en cuenta. Como vamos a ser inmortales, morir ahora sería un grave error. De modo que por una cara de la moneda está el optimismo científico y por la otra el terror a perder la vida. Imagina que te pierdes la inmortalidad por culpa de un simple virus para el que encontrarán la vacuna pasado mañana. Total, que nos sentimos optimistas a la vez que llenos de miedo.

La consecuencia de la paradoja es que tememos la vida porque la podemos perder. Como podemos perderla y como es la causa del pánico, entonces dejamos de prestarle atención.

Los escenarios futuros, cuando no son más que la cháchara del pánico y de la huida hacia adelante, cuando no son más que sistemas para llenar el vacío reflexivo de la mente, deben ser considerados como el síntoma de una profunda falta de atención y de empatía.

El mundo griego empleaba un sistema de curación que comprendía la palabra. Hablaremos de ello más adelante. Pero el reverso de la palabra es el silencio. En muchas ocasiones, ante los dilemas de la existencia, ante la dificultad de elegir y de tomar una decisión, ante la confusión y la desorientación, los sacerdotes de Apolo recomendaban un silencio de tres días. En algunos casos se acompañaba de ayuno. Eran lo mismo: hacer callar la mente, hacer callar el cuerpo. Hacer callar. Luego, les invitaban a dormir en una cueva santa y vigilaban su sueño (*phólarchoi*, los que cuidan la cueva). También significaba lo mismo: tú no debes pensar. Has venido aquí porque no sabes, así que deja que el sueño piense por ti. Que tu razón calle. Luego, contaban su sueño. Y así encontraban el camino de salida. Quizá no la solución, porque a veces no hay ninguna solución por mucho que se busque. A veces, bastante suerte tienes si encuentras una lucecita o un claro del bosque.

Lo malo es que para la cultura contemporánea la vida tiene estructura de problema, por eso anda todo el tiempo buscando soluciones. ¿Qué hay más entretenido que arreglar una avería o que hacer un sudoku? El narcisismo contemporáneo, tan extendido y tan aburrido, no es más que una hipertrofia del Yo, un elemento de la personalidad que siempre tiene problemas. Cuando alguien dice «yo», lo que viene a continuación es predecible. El Yo es una proliferación de problemas.

Esto es un hecho, no tengo nada en contra. Cháchara y problema, he aquí la estructura de la vida cotidiana en la sociedad posindustrial.

Silencio, decían los sacerdotes de Apolo. Silencio. Los textos antiguos, ya sean hebreos, griego o romanos, definían al sabio como aquel que es capaz de distinguir entre lo que podemos llegar a saber y lo que no sabremos nunca.

Es casi un principio de higiene mental. Preguntar por lo que no puede saberse, por lo que nadie sabrá nunca, da lugar a respuestas mistificadoras, a tiranos iluminados, a castas sacerdotales, a penas insoportables, a conflictos eternos. Nos contagiamos de una pregunta infecciosa. No necesitamos a nadie para infectarnos. El virus lo producimos y los propagamos nosotros, como dicen algunas teorías epidemiológicas y como asegurarían los griegos con su doctrina del miasma (el pecado se contagia de generación en generación).

No sabes: calla. ¿Por qué ya no me amas? ¿Por qué me traicionaste? ¿Por qué me despiden del trabajo? ¿Por qué no tengo suerte, por qué no soy inteligente, alto, bello? ¿Por qué y cómo hemos llegado hasta aquí? En la mayor parte de los casos nadie puede contestar como uno desearía a esas preguntas. El motivo suele ser que no tienen respuesta o no satisfactoria. Ni siquiera tienen muchas respuestas que al reunirlas sean satisfactorias. No hay nadie que sepa tanto, ni los protagonistas.

Hay que aceptarlo. Un poco de silencio y de ayuno para concentrarse en lo que pasa, en el dolor de ahora, en la dificultad de ahora y en el pequeño universo de casa. (No deja de ser curiosa la fama que están adquiriendo el frigorífico y la despensa en este periodo. Comemos y proyectamos en el tiempo: eso somos nosotros. Estoy persuadido de que no hay nadie con una definición mejor del mundo en que vivimos los occidentales del siglo XXI, y espero que se convierta en clásica.)

el placer de la caída

Las noches del confinamiento suelen ser más apacibles para el ánimo que los días. No hay expectativas para la soledad, suele estar justificada. Les sucede igual a los depresivos. Esa plenitud oscura, solitaria, no interroga a nadie. Es lo que tiene que ser. Las cosas no podrían adoptar otra forma. La noche es predecible. Nunca defrauda.

En cambio, el día, la vigilia, es un trasiego de posibilidades, de mutaciones, y te pregunta directamente qué haces asomado a una ventana cuando debieras estar produciendo algo, hablando con alguien, proyectando y asistiendo a citas. El día además es incierto. No son todos iguales. Los hay con mucha actividad y con poca. Los hay tristes y alegres. Prometedores y evasivos. Ruidosos y silenciosos. Fáciles y difíciles. Ya saben. Uno está ahí siempre con miedo de empezarlo. Por eso el ruido del despertador está tan fuera de lugar.

Todas las noches abro la ventana de tres paños del salón cuando las niñas se han ido a dormir. Mi mujer aprovecha ese tiempo sin individuos hiperactivos, de emociones cambiantes, trabajando en la otra punta de la casa. Si hace frío, me equipo convenientemente, aunque en general esta primavera y este invierno están siendo benevolentes.

¿Qué hago asomado al ventanal? Nada. Miro. En realidad, tampoco miro. Veo, pero de ahí no paso. Los objetos van llegando. Las hojas de las acacias despiden un verde plateado bajo las farolas. Una paloma se ha posado sobre la carcasa de un foco y se queda ahí un rato. Me pregunto si las palomas suelen posarse en lo alto de las farolas. A mí me parecería peligroso, si fuera paloma. Una mujer de unos treinta pasea con su perro y canta en voz alta con auriculares rosas y un iPhone en la mano. Un poquito loca, parece. Aunque todos, cuando nos desahogamos, parecemos locos. Y cuando nos enamoramos. Y cuando traducimos del griego la Pítica IV. Y yo, cuando me asomo con medio cuerpo a la calle a las doce y pico de la noche.

Una mujer latinoamericana trata de convencer a su hijo de seis o siete años de que entre en el coche. Han aparecido por la derecha y no soy capaz de imaginar de qué lugar —casa de un pariente, un hospital, ¿se ha llevado al niño al trabajo?— están regresando —¿yendo?—. Hay demasiadas posibilidades, aunque no se me ocurre ninguna sólida. El niño no quiere subir. ¿Qué quiere, quedarse en plena calle en mitad de la noche? La mujer le dice: por favor, por favor. Suplica como alguien que está muy cansado. Demasiado cansado como para pensar siquiera en hacer uso de la fuerza. El niño se mete en el coche, por fin. Ella dice: gracias, gracias.

Entonces aparece un plumón flotando, como si lo arrastraran corrientes de aire que no percibo, seguramente porque no las hay. Es muy blanco, incluso de un blanco artificial, con un reluz violáceo. Entra y sale, aunque más bien coquetea con irse o quedarse por los alrededores del alféizar. Supongo que procede de alguno de los cojines del sofá que hay bajo la ventana, a los que lanzo un vistazo de reojo. No tienen aspecto de estar soltando relleno. No hay más plumones en las inmediaciones, ni adentro ni afuera. Solo hay este, que al final decide entrar en casa y acostarse en el suelo.

Inconscientemente levanto la vista hacia la paloma de la farola. Ya no está. Me acuerdo, algo extrañado, de que en alguna parte leí o me dijeron que las palomas nocturnas suelen ser palomas mensajeras y que a veces se las ve descansando en sitios inverosímiles. Tal vez el plumón sea de la paloma mensajera. Como el resto de los pájaros, lo cambian al filo de la primavera. ¿Lo que he visto allá arriba era una paloma mensajera? ¿La gente está mandando palomas mensajeras?

Luego, pienso que la mujer cantando a voces, que la del niño que no quería subir al coche, que la paloma subida al foco de la farola, que el plumón flotando forman parte del mismo plan. El plan es que el mundo nos está enviando un mensaje a todos y que cada uno lo va repitiendo y traduciendo como puede, con los medios a su alcance. El mensaje es que no podemos dejar de enviar mensajes. Que todo tiene la capacidad de hacerlo, de las palomas a los locos.

Me gustan estos delirios abstractos en los que caigo, por el placer de caer. Quién sabe si no daré con una verdad universalmente válida para este momento, una verdad que escapa a los periódicos y a los epidemiólogos. Me conecta además con el mundo de los más remotos antepasados. La visión ha sido producida por un proceso de atención al exterior, por un cierto abandono a la noche, al silencio, a la soledad. Atención apasionada. Atención enamorada. Como los hombres y las mujeres del Neolítico parados ante un campo de trigo salvaje e imaginando muchas generaciones después el horno donde se dora el pan. O contemplando un caballo salvaje, sus espléndidas y potentes formas, antes de que se les ocurra el modo en que obedecerá al bocado. O asombrados por la savia que discurre de un sauce y con la que por casualidad harán un analgésico al que nosotros llamaremos aspirina decenas de miles de años después.

Primero fue la atención, que es otra manera de decir que lo primero fue el amor. No hay mucha diferencia: si miramos mucho tiempo, los objetos del mundo nos enamoran. La utilidad llegó mucho después. Gracias a que primero nos pasamos miles de años mirando, luego se nos pudo ocurrir para qué sirven las cosas.

Así que la belleza fue primero. En el hecho de mirar ya hay belleza: va hacia afuera, pero se produce también una sutil autocontemplación, una entrega del cuerpo a lo que no es él, una paz irrenunciable con lo que le rodea. Mirando, cuidamos el alma, la nuestra y la de todo.

Nunca te acuestes sin un pensamiento para el Todo, sentenció Marco Aurelio. Y eso es lo que hago yo asomado a esta ventana ya de madrugada. No voy a ninguna parte, no vamos a ninguna parte. Pero se nos brinda la ocasión de enamorarnos de lo que tenemos cerca en vez de salir corriendo al futuro que imaginamos.

¿Será el futuro lo contrario del amor?

LAS PALABRAS Y LOS VIRUS

A los pocos días de que se decretara el confinamiento, sentí algo parecido a síntomas. No eran específicos ni tampoco afloraban del todo, pero algo había cambiado dentro y fuera del cuerpo, esa mutación sutil e irreversible en la que todo está aparentemente en su sitio, pero de lo que uno ya no es su dueño. Algo se apoderaba de mí (*pathos*, en griego, el mal que se padece, lo que nos convierte en pacientes, por oposición a agentes. De ahí, patología. De ahí, pasión).

Temí haberme contagiado. No estaba seguro del diagnóstico, pero el cuerpo murmuraba. Era una sensación que había ido en aumento. Recordaba a una angustia que se aproximara desde la lejanía, aunque con paso firme, sin haber mostrado aún las credenciales.

En casa nos habíamos repartido la tarea de sacar a pasear a la perra —una norwich terrier que olisqueaba neuróticamente cada palmo de terreno— y a mí me había tocado el primer turno, por la mañana temprano. Lo hacía por el patio de manzana, recorriendo un rectángulo de 70 metros por 20, salteado de pequeños parterres y flanqueado por coches aparcados en línea. Una noche sentí de forma especial el agobio y pedí a la familia repetir en el último turno. Quería escapar del rectángulo claustrofóbico y salir a las calles de Chamberí para respirar un poco de horizonte.

Fui con la perra hasta la glorieta que hay más arriba, y allí, desde la barandilla de una isleta, me quedé observando el final de la avenida que se cruzaba con el Paseo de la Castellana. Era como estar en la proa de un barco, pero al frente no estaba el océano infinito surcado de innumerables estelas y su firmamento plagado de astros, sino una ciudad cerrada, asolada, donde los edificios, las vías iluminadas y hasta la línea del cielo parecían murallas que negaban la perspectiva, advirtiendo de que no había escapatoria, que el mundo practicable y el mundo en general terminaban donde alcanzaba la vista.

Decidí entonces dar de vuelta un rodeo por el parque cercano, buscando el alivio de la naturaleza entre ailantos y cipreses, praderas, olor a tierra y a flores en macizo. A mitad de camino, mientras bordeaba el recinto, me irrité con la lentitud de la perra. Quería estar ya en casa.

De regreso, me encontraba peor que antes. Aunque el paisaje se había expandido, el agobio había aumentado. Tenía miedo de que la sensación creciera deprisa y se volviera ingobernable. En cierto momento, sospeché haberme contagiado del virus general y que los síntomas pudieran adquirir en mí, como en muchos otros, formas personalizadas. Angustia, dolor de riñones, diarrea, cefalea, delirio..., qué más daba, había un supermercado de síntomas. Por qué no agobio.

El paseo no me había aliviado en absoluto y eso me desconcertaba. Había visto suficiente horizonte y naturaleza. Me fui tranquilizando a medida que se acercaba la hora del ventanal, que se había convertido en un tiempo meditativo. La primera conclusión a la que iba a llegar es que no había relación entre la claustrofobia y el espacio objetivo, exterior. Lo que yo sentía y el tamaño de las calles o de las montañas no estaban conectados. En algún sitio y de algún modo, se había creado dentro de mí un espacio subjetivo de confinamiento.

No, no tenía nada que ver con la cantidad de superficie y de firmamento disponible. Antes, yo salía de casa a cumplir rutinas, correr, ir a por las niñas al colegio que estaba a diez minutos andando, algún recado. Eran ratos. Había vivido confinado de verdad y sin inmutarme otras veces, en un arrastrero por el Atlántico durante meses, en un submarino de la Armada española en una larga misión. No solo estaba vacunado contra cualquier variedad de claustrofobia, sino que podía decirse que los cubículos formaban parte de la denominada zona de confort. Mi vida estaba más cerca de la nostalgia uterina que de las andanzas de Jeremiah Johnson.

Si no era el coronavirus, lo que había aparecido en todo caso era nuevo. En un momento dado, en lo más quieto de la noche que transcurría asomado al ventanal, se me ocurrió que lo que había sobrevenido era un deseo de libertad física, inaudito, profundo. Libertad física por encima de todas las cosas, por encima incluso de la propia libertad de movimientos.

¿Eso se contagiaba? Si era así, y la moda era contagiarse, ¿dónde lo había pillado? ¿Dónde ese contacto imperceptible, que ni siquiera registra la memoria, que se incuba y brota en la sangre como una anémona? (Ya no hay personas por la calle, si uno se fija, solo erguidas anémonas recubiertas de piel humana, una especie de invasión de ultracuerpos.) El microbio que había entrado en mí buscaba amplitudes como continentes, caminaba en la dirección de un punto de fuga lleno de promesas de más puntos de fuga, tenía ojos que atravesaban las distancias a la velocidad de la luz de las retinas.

Un deseo es la falta de algo. A veces, no sabemos ni lo que nos falta, pero eso al deseo no le importa. Él se presenta para registrar la carencia, extiende acta, firma y sella. Lo de saber de qué va el agujero ya corre por cuenta del portador.

amor de lo que falta

Platón lo escribió en *El banquete* hablando del amor. El amor es amor de lo que falta, porque el deseo (*pothé*) solo puede sentirse hacia algo que no se tiene, que te quitan, que te dicen que puedes tener, que tenías o que quizá tengas. ¿Y cómo sabe uno lo que le falta? Bueno, porque lo necesita para vivir o porque se lo dicen. Generalmente, lo último. Lo que necesitamos para vivir es poca cosa. Lo que nos dicen que necesitamos para vivir no habría cabido en la biblioteca de Alejandría. Desde pequeños nos dicen, por ejemplo, que necesitamos ser ingenieros de caminos, canales y puertos. También nos dicen que necesitamos encontrar nuestra media naranja y formar una familia. Y que tenemos que ser alguien (y esto no es más vago o inexplicable que lo anterior). Si creemos en todas esas cosas cuya necesidad se nos impone, entonces nos empiezan a faltar. Seres incompletos, dicen que somos. Qué duda cabe: nos hablan todo el rato y nos lo creemos todo. Después comparamos con lo que podríamos ser o tener y nos sentimos tan importantes como un grano de arena en el desierto de Arabia.

¿Y qué pasa si llegas algún día a cumplir tu deseo, da igual ya de donde venga? ¿Dejarás de querer lo que querías? No, según Platón, porque el deseo es deseo de tener el objeto del deseo más adelante, siempre (en cambio, este deseo es más bien *epithumía*, ser uno con lo que deseas, un punto de fusión). Aún dice más: el deseo de algo es el deseo de generar con ello. Solo cuando se acaba ese deseo, solo cuando se acaban las ganas de generar con otro algo, puede decirse que el deseo ha muerto, igual que decimos que el amor ha muerto.

De modo que se satisfacen los apetitos, no los deseos. Los deseos pueden morir, pero no se satisfacen. Cuando amas nunca estás totalmente satisfecho del amor, quieres seguir amando, quieres generar con tu amor: más amor, hijos, experiencias, recuerdos, esperanzas. A veces, inmuebles. O fondos de pensiones. (Muchos amores se convierten incluso en *joint ventures*.)

Asomado al ventanal, llegué a conclusiones de naturaleza evidente: mi deseo de libertad física era un deseo de lo que faltaba, que me faltaba era algo que me habían explicado, y que mi deseo tal vez muriese, pero nunca se vería satisfecho.

Muy bien, pero volvíamos al principio: ¿dónde lo había pillado?

Uno de los días y contra mi voluntad, en casa pusieron un telediario, mientras comíamos (excepcionalmente). Había dejado de leer los periódicos y de atender lo que decían los noticiarios por su incapacidad endémica de mostrar la pluralidad y amplitud de la vida en los momentos de angustia. Me parecía que con ello alimentaban los malos sentimientos más de lo que ya lo hacían las circunstancias. Había sucedido en los últimos años con la cuestión catalana, y antes con la crisis financiera y antes con cualquier otra cosa, por temporadas o años. Aparte de la amplitud de la vida, que es algo más que el reflejo de nuestra propia cara siempre en el fondo tenebroso de un mismo pozo, si tanto interesaba la faceta obsesivamente problemática de la realidad, podían haberse dedicado a la falta de inversiones en investigación y desarrollo, en instituciones científicas y de conocimiento, en educación, en sanidad pública, asuntos que estaban en la raíz de la crisis que ahora nos ocupaba. De hecho, cabe preguntarse si las crisis no son como linajes prolíficos, que descienden unas de otras, que tienen madre, padre y antepasados ancestrales.

A eso los griegos lo llamaban miasma (*miasmós*, una mancha en el alma). Una cosa supersticiosa, para nuestro gusto, en la que el pecado se transmitía a una estirpe de generación en generación hasta que alguien lo purificaba mediante sacrificios y muertes. ¿Y la epidemia actual no era en realidad la propagación del miasma de la indigencia, la indiferencia, la desatención, la obsesión y la confusión entre lo importante y lo noticioso? Esto, en cambio, no tenía nada de superstición, estábamos en ello. Hechos puros, como decía aquel personaje de novela, que se había infectado de su propia soledad.

También resultaba interesante que una de las teorías alternativas a la del contagio infeccioso fuera denominada por la ciencia del siglo XIX y por algunas corrientes contemporáneas *teoría miasmática*. Nos lo inoculaba el ambiente. No unos a otros. Pospongamos este tema.

En el telediario de marras machacaron durante media hora con un campo semántico exclusivo, que por aproximado índice de reiteración quedaría ordenado de la siguiente manera: contagio, confinamiento, alarma, Covid-19, infección, muertos, número de, vacuna, aislamiento, desbordamiento, carencia, ancianos...

Luego, dormité un rato y al regreso había un programa especial sobre la pandemia con el campo semántico invariable y en el que, a pesar de la permanencia en antena y los esfuerzos periodísticos, no se dijo nada nuevo. En realidad nadie había dado una noticia, revelado aspectos o profundizado en algo desde que estaba delante del televisor, hacía más de una hora.

Cuando en distintos momentos y otros días el televisor estuvo encendido, el tema —completamente agotado, excepto algunos datos algo significativos y que podían ofrecerse con brevedad— persistía formando bucles hipnóticos, espirales de humo, informaciones groguis. En los diarios digitales, las noticias de apertura y toda la opinión se habían puesto a las órdenes del coronavirus, de algunos políticos zombies junto a protagonistas desencajados y muertos distinguidos, con su biografía o hagiografía.

Aquello tenía algo de ceremonia tribal con examen de conciencia y contrición. Los datos, exiguos y de rigor precario, se repetían una y otra vez, igual que se repetían las experiencias de individuos o los interrogantes del momento. Era una gran operación jaculatoria, con los ojos elevados a incógnitas celestiales y el corazón lamentando sus castigadas inclinaciones.

Hay un principio de reiteración en todo contagio. Ahora, ya llevamos semanas escuchándolo. Dependiendo de la cantidad y grado de contacto con el agente, el coronavirus de la Covid-19 puede infectarnos con mayor o menor gravedad. Contagio proviene del latín *con-tangere*, tocar, tocarse, rozarse incluso con la vista. Confinamiento es *con-finium*, con un límite, con una frontera. Contagiarse y confinarse son pareja, se declinan mutuamente en esta vida, nunca están solos.

Las palabras y el campo semántico sobre la proliferación, el peligro de los otros, el sufrimiento que nos espera y la esperanza que late en la reclusión —la única que depende de nosotros y la única al alcance— se comportan víricamente, alcanzando todas las vías posibles de comunicación en una cultura que las tiene innumerables y expeditas. Una cultura de masas con una comunicación de masas en un mundo global. Quién no teme al virus. (A veces llaman globalización a lo que es masivo, confundiendo universal —todo— con uniforme —masa—. También habría que discutir sobre si el único fenómeno a escala planetaria no es la comunicación de masas, por encima incluso de la economía de mercado.)

Ese virus, el de las palabras, solo puede vivir si se aloja en un organismo, igual que el otro. A medio camino entre la vida y la muerte, depende para su supervivencia de la gentileza y de la generosidad del huésped. De su disposición o de sus reservas para aceptarle. De que la audiencia desee o admita *audire* (oír).

¿Qué es lo que nos hace más resistentes a ese contagio o evita los peores padecimientos? Evidentemente, el contacto con la palabra, el uso no solo de sus dimensiones informativas y de comunicación, sino también creativas, expresivas, afectivas, abstractas, ambiguas. Algo que nos permita distinguir entre discursos, entre argumentos, entre intenciones y efectos. Entre estrategias de persuasión. Incluso de persuasión inconsciente. Algo que cree resistencias.

No es un saber técnico, mejor dicho, es algo más que un saber técnico. Es un hábito. Del mismo modo que haberse movido en un medio infeccioso posibilita, si no la destruye, la defensa del organismo, el desenvolvimiento en el medio lingüístico posibilita la defensa contra las palabras que pueden hacer daño.

Supuestamente, las instituciones educativas y culturales se encargan de eso. También, las familias. Y las políticas de comunicación que influyen, por ejemplo, en la programación de las cadenas de televisión pública. En fin, de ello debiera encargarse todo aquello que a su vez está en crisis, al menos desde el punto de vista de la transmisión de valores y conocimiento.

La comunicación de masas, por otro lado, carece de responsabilidad y si la tiene solo es en situaciones concretas, cuando afecta al honor, a la verdad o al interés de los particulares. Cuando afecta al honor, a la verdad o al interés de todo, se llama derecho a la información. El virus tampoco es responsable y por esa razón no nos indignamos con él ni le pedimos cuentas. Su misión, su naturaleza es infectar, y nadie rinde cuentas por cómo le ha concebido la naturaleza. Cuando los medios de comunicación de masas usan una misma estrategia para un objetivo previamente definido (definido: a lo que se ha puesto límites), y la audiencia (masiva) decide asimilar la estrategia y el objetivo, podemos asegurar que estamos ante un proceso infeccioso que sigue pautas de propagación.

Los medios se comportan como si así lo hubiera dictado la misma naturaleza. Decía Sartre que la naturaleza del hombre es ser Dios. Nosotros podemos afirmar que el propósito de la comunicación de masas es convertirse en naturaleza y, puesto que es humana, lo siguiente es Dios. Esa es la razón por la que está eximida de responsabilidad y por la que su comportamiento —más o menos consciente, pero en todo caso carente de autocrítica— parece seguir destinos superiores a la propia capacidad de reflexión.

Pero a toda infección le sigue una respuesta inmunológica. La nuestra en principio, contra la pandemia vírica, era la pasividad, la confianza en que todo acabara, en no concederle el menor estatuto de realidad o de consecuencia verídica a la situación de confinamiento por causa de la epidemia. La respuesta no era quedarse en casa, sino considerar que aquella escena era un paréntesis de nuestros proyectos y planes de conquista, pues nosotros no cambiaríamos nunca. Y en devota correlación, tampoco el mundo en que habitamos.

Pero ni siquiera las respuestas inmunológicas son lineales, literales. Se defienden del microorganismo, es una pelea molécula a molécula, microbio contra microbio, ganan los fuertes y pierden los débiles. Es algo sencillo. Debiera ser algo sencillo.

Pero mientras los linfocitos y los protobichos pelean, la imaginación no es una simple paciente. Se activa, quiere entender, quiere aportar su gramo de presencia, pues de ella depende finalmente el sentido. Le gustaría darle a todo aquello una dimensión simbólica acorde con su manera de afrontar los retos, las dificultades, las incertidumbres, la miseria que también acompaña las acciones humanas. Al fin y al cabo, la imaginación existe porque es capaz de representarse la batalla entre linfocitos y virus o bacterias, algo que no puede ver, recurriendo a símiles de batallas medievales, a bandos buenos y malos, a células que se convierten en héroes o en bajas, a estandartes robados al enemigo.

La cuestión es que la imaginación no puede estarse quieta ni conformarse con la realidad a secas, a la que bien podríamos decir que no soporta. No puede ir al baño o cocinar un plato sin que se le aparezca la higiene o la salud. No puede sentirse atraída por nadie sin que se le aparezca el amor, la duración, el alma gemela. No puede acudir al trabajo sin que se le aparezca la función que cumple en la sociedad o el destino ineluctable —y a veces inmortal— que se le ha encomendado (desde el recuerdo glorioso e imperecedero al alimento diario de los hijos).

Somos seres simbólicos. Ni bípedos, ni implumes, ni racionales, ni almas caídas. Simbólicos: todo lo que hacemos es trascendido o hipostasiado, ya sea en un concepto, en posteridad o fama, en una realidad abstracta, en una región del universo o de la conciencia en la que nos espera un trozo de verdad que atraviesa el cosmos. La gente no respira el aire puro del bosque o del mar: respira la pureza. La gente no viaja a Delfos o a Kuala Lumpur: viaja a lo desconocido. La gente no se casa y tiene hijos: funda una familia que prolongará su memoria en el tiempo. Hay gente incluso que estudia para saber que nunca llegará a saber nada.

De modo que cuando nos infectan las palabras fijas y constantes del campo semántico de la pandemia y el confinamiento, el cuerpo se infecta y la imaginación busca el espacio simbólico en el deseo y en un deseo en particular: el deseo de libertad física que, como todo deseo, tiene estructura de incumplimiento o de insatisfacción. Cuanto más fuerte sea el contagio de las palabras, más intenso es el deseo de libertad física y, proporcionalmente, más difícil de cumplir o de satisfacer.

Podía irme a pasear con la perra a las mismísimas cimas del macizo de Guadarrama y seguiría sintiéndome encerrado. Sospechaba además que cuanto más amplio fuera el espacio, mayor sería mi sentimiento de reclusión, al considerar que todo era cárcel y que no había espacios libres en ningún lado, como no fuera en el caos y en la nada anteriores a la creación divina. El universo se convertiría en un campo de confinamiento y mi sensación adquiriría entonces sus mismas dimensiones.

Estaba infectado por palabras que me habían inoculado una especie de angustia relacionada con el espacio vital, produciendo un sentimiento subjetivo de reclusión, indiferente al comportamiento de los espacios objetivos exteriores. Ese sentimiento negativo había evolucionado hacia un deseo de libertad física, como una respuesta inmunológica, que como todas las respuestas de ese tipo también formaba parte de la enfermedad.

Dos cuestiones surgían a continuación: si el deseo de libertad física desaparecería cuando se anulara la orden de confinamiento, y el motivo de que hubiera sido infectado con tanta gravedad cuando se suponía que mis reservas inmunitarias ante las palabras habían de ser grandes; al fin y al cabo, era de lo que más acopio había hecho en la vida.

biografías misteriosas

Respecto del primer punto, estoy convencido de que las secuelas del confinamiento tardarán mucho tiempo en desaparecer cuando concluya. Ello se debe a la estructura de los sentimientos, que juntan el sentir y el sentido con la intención de prolongarse en el tiempo. Nos atraviesan la carne al mismo tiempo que la conciencia. Los sentimientos no nos abandonan con facilidad. Son estrategias a largo plazo, cuya apuesta es la vida entera. Son la materia de la que está hecho el carácter y también la materia de que están hechos los sueños, de modo que uno no puede deshacerse de ellos como el que cambia de *look*.

En cuanto a lo segundo, y al igual que ha sucedido en esta pandemia con los profesionales de la sanidad, es probable que los especialistas sean siempre las primeras víctimas. Los más expuestos, precisamente por motivo de su trabajo. Cuando se está demasiado a menudo en contacto con bacterias o con palabras se tienen más posibilidades de infección. No se puede estar preparado siempre, los equipos personales de protección se descuidan un poco y hay días en que ni siquiera funcionan o se olvida usarlos. Por otro lado, hay todavía demasiados enigmas individuales en el universo infeccioso: por qué infecta a unos y no a otros, por qué los hay asintomáticos y los hay que son víctimas mortales, por qué toca un órgano a unos y en otro a otros, por qué el curso de la enfermedad o las secuelas son tan dispares, etc. Nuestra biografía orgánica, intelectual y espiritual es con toda probabilidad un misterio. Tenemos debilidades y fortalezas que ignoramos. Corremos peligros y acertamos con remedios que pasan desapercibidos. A veces nos enferma un mal hábito y a veces nos enferma el pensamiento. No sabemos mucho sobre casi nada. Aunque aparentamos estar a punto de saberlo todo, definitivamente. Es nuestra manera de confinarnos ante el océano absoluto de lo que nos queda por saber.

Aun así, queda el gran tema de este relato: ¿vivimos en una civilización que ignora el efecto de las palabras? ¿Que ignora que enferman y que curan? ¿Las está confundiendo con servomecanismos informativos y persuasivos? ¿Cree que son como los cables de los teléfonos antiguos, una especie de soporte transmisor hasta que alguien invente algo mejor, como la tecnología 5G o 700G? En griego, los términos para referirse a la fortuna material, incluso al dinero, y a las palabras en cuanto elementos expresivos suenan igual: *chréma-*

ta. Solo hay una pequeña diferencia de intensidad en la sílaba inicial, un espíritu fuerte frente a una *ji*. Se puede ser rico en palabras. Se puede ser rico de verdad. Acumulamos palabras y la riqueza nos visita.

Desde luego, esta herencia la hemos perdido por el camino. Algo ha pasado. Algo que ha transformado aquella palabra consciente de su fuerza, la mayor de las fuerzas que proceden de lo humano. Porque hubo un tiempo en que las palabras tenían poder. Un poder benéfico o maléfico. Unas transportan la muerte, la guerra, la desgracia; otras, sanan, fortalecen, dan aliento de vida. A menudo es difícil distinguir entre las palabras y las cosas, lo que hacen las palabras y las cosas. No es fácil saber si la palabra *dolor* no conlleva el dolor y no es el dolor mismo. Tampoco en la palabra *amor*. Aquí ya es prácticamente imposible: si decimos amor, ¿no comunica de algún modo el amor mismo?, ¿no es eso amor?, ¿es que hay otro amor mejor que el que está en la palabra *amor*? Los escolásticos de la Edad Media consideraron a la palabra el sexto sentido. Seguían la antigua tradición, percibían su temible influencia sobre las cosas, su fuerza para mudar a unas en otras, para hacernos ver lo que nadie ve o dejarnos ciegos. No mudos, ciegos.

Si hemos olvidado que eso es así o si ya no creemos en ello, entonces podemos hacer daño sin saberlo, podemos hacernos daño.

La cultura griega es la primera en entender profundamente que hay una dimensión en las palabras que afecta a la percepción de la realidad. Más o menos cualquiera en aquel tiempo y en este comprende que las palabras pueden cambiar el curso de algunas cosas, que interpretan lo que sucede, que incluso pueden tergiversarlo con mentiras. Pero de ahí no pasa. Muy desde el principio los griegos entendieron que existe algo más: que las palabras crean, que las palabras curan, que las palabras son inmortales cuando están en la lengua de los dioses. Ese espacio que media entre nosotros y los dioses lo llamaron alma. Y está hecho de palabras.

Las alas son importantes, porque las palabras vuelan (*ptéros mýthos*), no tienen la gravedad que las inclina al suelo, no son lo que parecen —cháchara del ágora o una traslación escrita de sonidos a signos—, no son literales. Están hechas para volar. Igual que el alma, *psyché,* cuya primera letra tiene la forma de una mariposa. De hecho, antes del periodo clásico, significaba mariposa y cuando se pintaba el alma, aparecía una mariposa.

Palabras, alas, almas, eso también es un campo semántico. La palabra asciende, porque no está atada a nada, flota entre mundos, libera, no es de nadie, es de todos, pero sobre todo pertenece al cosmos. *Psyché ta kosmóu* es la expresión griega equivalente al *anima mundi* de los romanos. Alma del mundo que está hecha de palabras, de palabras que tienen alas.

Estás aquí y te llevan allí, crees que eres humano y te hacen inmortal, estás enfermo y te sanan, estás triste y te ponen contento; transportan, en resumidas cuentas. Naturalmente, no solo a sitios buenos. También a infiernos. Ahí queda el adivino Phineo, castigado por Zeus con la vejez perpetua y el hambre, con comida a la vista, por hablar demasiado y explicar sus profecías hasta el final —por cortar las alas a la imaginación y al libre albedrío de quienes le consultan—. («Por tus propias palabras te condeno, siervo indigno», dice Jesús en la parábola de los talentos.)

Las palabras hacen cosas, está claro. Y también nuestros contemporáneos creen que hay una relación entre las palabras y las cosas, solo que generalmente a la inversa. Según son las cosas, así son las palabras. Si estoy triste, la palabra *triste* viene de mi tristeza, y si estoy alegre, lo mismo. A nadie se le ocurre que pueda ser al revés. Que diciendo *alegría* y diciendo *tristeza*, me pueda poner alegre o triste. (Bueno, sí, a algunos acérrimos de la psicología positiva o de la *christian science* con sus mantras recitados antes del desayuno.)

A nadie se le ocurre que si un canal de televisión o cualquier otro medio hablan incesantemente de enfermedad, reclusión y muerte, eso pueda afectar directamente a las defensas biológicas de los individuos. Aun a sabiendas, por el conocimiento científico disponible, de que la depresión, el estrés, la desesperanza y tantos otros estados de ánimo abren el camino a enfermedades graves. ¿Y las palabras no son sus vehículos? Pero tampoco hay mucha comunicación entre la ciencia y la sociedad, salvo a través de empresas distribuidoras de productos comercializados a partir de ciertas innovaciones o descubrimientos.

El mercado habla con la ciencia, pero ninguno de ellos habla con la sociedad. De ahí procede otro miembro de la estirpe prolífica de las crisis que se autogeneran: el confinamiento del conocimiento. Por lo demás, respecto de las empresas distribuidoras somos clientes, respecto de la ciencia somos feligreses y respecto de los medios de comunicación somos consumidores.

Una rara perversión de todo, dado que en ninguno de esos lugares somos ciudadanos. Habría que preguntarse cuáles son los espacios en los que actuamos con la consideración de ciudadanos.

logos heroico

Pero a los griegos sí se les ocurrió que había que cuidar las palabras, que tenían alas. Y, en algunos casos, hasta lanzas.

La *Ilíada* de Homero es, en este aspecto, el libro fundacional de toda una cultura. Generalmente ha sido leído como el episodio de una guerra especialmente cruenta, en el que destaca una galería de héroes coronada por un panteón de dioses con un historial ejemplarmente violento. La fuerza bruta, la falta de piedad y de empatía, el honor furioso y las pasiones furiosas, el poder y el placer de la destrucción, la vida y la muerte atravesados por el absurdo humano... «El verdadero héroe, el verdadero tema, el centro de la *Ilíada*, es la fuerza. La fuerza manejada por los hombres, la fuerza que somete a los hombres, la fuerza ante la que se retrae la carne de los hombres», escribió Simone Weil, tan aguda en otros aspectos de la cultura griega.

Sin embargo, es difícil encontrar en otro texto épico tal despliegue de posibilidades de las palabras. Ni tal cantidad: Agamenón se pasea por el libro de asamblea en asamblea, arengando a las huestes, maltratando con insultos a los adversarios, urdiendo mentiras y falsos sueños para que la soldadesca no pierda el valor; Aquiles consume su historia entre la meditación y el rencor rumiando argumentos, también se entrevista con su inmortal madre y discuten su futuro, incluso llega a hablar con su alma; Héctor y Andrómaca, Héctor y Príamo, Héctor y Paris, Menelao reprochando a todo el mundo la falta de ardor y lamentando su suerte y Odiseo, para qué contar; y esos diálogos intensos entre vencedores y vencidos, entre guerreros que ya están rozando la gloria y los que se agarran al suelo en la agonía, entre los que no tienen piedad y los que piden perdón.

Es un libro de grandes conversadores, de oradores empecinados, de espíritus que cuentan su historia, de gente que quiere tener razón y demostrarlo con palabras. ¿Acaso no es el clímax de la obra esa noche en que Príamo intenta recuperar de Aquiles el cadáver de su hijo Héctor solo con persuasión? ¿No coincide con el clímax de la palabra, una palabra que transforma a los hombres mucho más que la guerra? ¿No conduce la narración a ese momento en el que además concluye el relato?

Las batallas no son más que el interludio que distiende un poco la atmósfera inaudita de lo que no cesa de hablar, que permite descansar del prolijo argumentario, y que al mismo tiempo permite que la palabra se exalte a la cima de la descripción poética, convirtiendo a la poesía en el instrumento por excelencia para contar los tránsitos entre la vida y la muerte, la plasticidad de la violencia, el curso de los acontecimientos, la intervención de los dioses que finalmente acabarán librando una batalla entre ellos y que solo la poesía puede contar con verosimilitud. No mucho más tarde también será la poesía el modo en que la filosofía intentará expresarse. Y la música y el número... ¿Acaso hay alguna musa griega que no tenga que ver con la palabra?

«Respeta a los dioses, Aquiles, y apiádate de mí acordándote de tu padre; yo soy aún más digno de compasión que él, puesto que me atreví a lo que ningún otro mortal en la tierra: a llevar a mis labios la mano del hombre que mató a mis hijos», suplica Príamo.

Alusión a la tristeza de todos, de la que nadie está libre, que siempre está esperando su momento, que todos arrastramos por el hecho de seguir vivos. Creemos que vamos hacia adelante, de conquista en conquista, forjando nuestra historia, acercándonos a nuestros sueños, cuando en realidad somos los testigos de lo que hemos ido dejando atrás. Somos testimonio de pérdidas, registro exacto de lo que ya no volverá. Cuántos seres queridos se han llevado a la tumba una parte de nuestra historia, cuántos amores que han desaparecido, cuántas personas que nos salvaron la vida o que la hicieron más alegre y soportable.

La tristeza es de todos, he ahí el gran argumento que Príamo entrega a Aquiles y que Aquiles no puede rechazar, no puede refutar. Todos somos hijos de la tristeza. Hijos primogénitos. Aquiles ha perdido a Briseida, acaba de perder a Patroclo y pronto perderá la vida y lo sabe, en la flor de la juventud, en el mejor momento. Puede dejar que por despecho mueran los aqueos, porque él se niega a combatir. Después de todo, la muerte no es importante, porque el momento en que llega no es importante, es más bien indiferente. En cambio, la tristeza es otra cosa. La tristeza es la vida. Es lo que compartimos en la vida. Es la sustancia de la vida.

La empatía de Aquiles con Príamo no es por lo que les une a ellos, sino por lo que nos une a todos. Y no es por la muerte, con la que contamos —o debiéramos contar—, porque la muerte no es más que un dato. Es porque la vida es estar vivos, entre los otros, con los otros. Príamo le regala el sentido de la vida, no el de la muerte (que Aquiles ya conoce) y es entonces cuando Aquiles le devuelve a su hijo.

Episodio sutil, de palabras y ecos sordos. Sí, la *Ilíada* es un poema épico sobre la fuerza, pero no sobre la fuerza viril, sino sobre la fuerza de las palabras recién descubiertas, su poder inesperado, paradójicamente inefable. La fuerza del logos. No podemos decir con palabras la manera en que actúan las palabras. Es un poema épico no sobre héroes con grebas relucientes y armas forjadas en la fragua de Hefestos, sino sobre héroes del logos. Aquí la fuerza no procede del hierro o del bronce, sino del aire articulado que pronuncia la garganta usando la lengua, el paladar, los labios. Es la espada y el escudo, la égida y la jabalina.

Hablar es la guerra de dentro y de fuera. Es el terreno en el que se dirime la contienda. Lo demás es subsidiario: naturalmente habrá golpes y víctimas, pero su significado depende del lugar en que se han colocado las palabras.

Héroes legendarios, porque han descubierto un nuevo uso de la palabra, porque la hablan como los dioses: para herir y para defenderse, para cambiar el curso de los acontecimientos, para amar y para morir, para dejar escrito en un lenguaje eterno que existieron y lo que hicieron.

Dentro de unos minutos, aquí, en Madrid, serán las ocho de la tarde. La gente saldrá a las ventanas, a los balcones, a los portales a dar el aplauso solidario a quienes defienden nuestras vidas jugándose la suya. Personal sanitario, de supermercado, farmacéuticos, transportistas, trabajadores urbanos y rurales, policías, bomberos, agentes de seguridad privada, limpiadores, todos merecen el reconocimiento, todos han ingresado automáticamente en la categoría de héroes populares.

El rumor de los aplausos suena en mi cabeza como el aleteo de una bandada de gaviotas gigantesca, las mismas que me despertaban de pequeño con su graznido de madera seca. No es un estruendo, pero es alarmante por su extensión, por su unanimidad, por la forma en que barre el aire de una a otra punta de la calle, del barrio, de la ciudad. Más que salir de la tierra y elevarse, da la impresión de bajar del cielo, como si se derramase desde una altura superior a la de las propias nubes.

Pasa un coche de policía con dos sirenazos y las palmas echan humo. Los policías saludan gravemente desde el interior del vehículo. También aparece un autobús con un solo pasajero. El conductor hace una inclinación de cabeza. Luego, un repartidor de Glovo en bicicleta, al que también se dirigen los aplausos (se sabe por la dirección de la mirada del público), pero como el ciclista no está muy seguro de que sean para él, continúa su camino sin hacer ningún gesto. Siempre ha habido clases en el prestigio profesional que cada grupo o cada individuo se autoadjudica.

En una esquina calle abajo, un matrimonio mayor saca unos bafles y suena *Resistiré*, la canción del Dúo Dinámico. En dirección opuesta, pero más lejos, en un chaflán de otra manzana, se ve a un grupo de veinteañeros danzar compulsivamente al son de una música que no se escucha bien en la distancia, pero que no es del Dúo Dinámico, pongo la mano en el fuego. Hay banderas de España, cómo no. Y por qué no. En estos días estoy haciendo gimnasia en casa con la camiseta de mi equipo, el Racing de Santander, una forma de estar con los míos que están lejos, supongo. Ahora, quiénes son los nuestros es un tema importante. Como para Jasón en medio de sus argonautas, como para los colegas de Jenofonte que se fueron de mercenarios a Persia. Si hay que morir o si hay que aguantar, queremos nuestra bandera.

Normalmente, me conmuevo. Me conmuevo, porque se les dedica un pensamiento a los que hasta hace poco trabajaban sin consideración a su esfuerzo, los reponedores y cajeros de supermercado, los ciclistas de mensajería, los transportistas, los trabajadores del campo, los que limpian... Ese pensamiento discute las brechas abismales de desigualdad, el verdadero valor del trabajo, pero sobre todo discute que solo unos pocos se hayan sentido con derecho a monopolizar el sentimiento de utilidad para la sociedad en que viven, ya sea a través del dinero, del poder o de la influencia. Mucha gente no tiene esos patrimonios y ahora vemos que a esa gente la necesitamos al menos tanto como a la otra o más.

Dentro del concierto general, echo de menos las palabras. Hay héroes, solidaridad, muertes, amenazas, canciones de resistencia, banderas desplegadas, pero no hay palabras. No es el lugar ni el momento, la situación no lo pide, es lo que susurra nuestra alma convencional, la que teme precisamente la *re-convención*. ¿Qué haríamos, arengar en mitad de la calle a los que aplauden, como Agamenón a sus huestes dubitativas? ¿Callar los aplausos, para escuchar la sabia experiencia de Néstor o los últimos ardides de Odiseo contra Troya? ¿Exponer nuestras dudas, como Helena, ante el crimen en que se ha convertido su pasión? ¿O como Andrómaca, hablar de nuestros temores por amor y no por cobardía?

No se trata de eso, de montar mítines o catarsis colectivas en medio de la calle, claro que no. Suponemos que no. Se trata de que en momentos así, precisamente por su intensidad, yo echo de menos la intensidad de las palabras, lo que podría ser dicho para estar aún más cerca de los otros. La palabra dura y hace memoria. Atraviesa el cuerpo y hace cuerpo. Una vez que ha entrado en nosotros, recordamos también a quien nos la dio, el tiempo y el lugar en que lo hizo.

El menoscabo de la palabra es un tópico de las últimas décadas. La pandemia la ha hundido en un raquitismo nuevo, incurable. Es un enfermo más. Habla por la boca de ganso de los números y de los pronósticos; admite su obsolescencia ante la inabarcable realidad de la catástrofe; no crea imágenes de los acontecimientos ni invita a mirar con miradas diferentes: su estilo es el decreto, la opinión contundente, el resentimiento; está vendida al mejor postor; no quiere saber nada de dioses, ni de invisibles, ni de consuelo, ni de antepasados: la palabra es un cartero, lleva y trae mensajes, regula el tráfico, pero no los contenidos.

La palabra está enferma. Y las palabras que nos legaron los griegos están muertas.

Puede que no esté tan mal que nos dediquemos a aplaudir a las ocho en punto de la tarde, a mirarnos de balcón a balcón, a saludar, a tocar el claxon, a sonreír y a llorar. Así nos decimos que nos tenemos los unos a los otros. Que en esta intemperie de palabras, podemos abrazarnos y darnos calor.

Hay que acordarse de Edipo, que se arrancó los ojos, porque no le servían para ver. Vástago de una raza maldita, quiso detener la maldición y solo consiguió que se cebara aún más en sus descendientes: Antígona, Eteocles, Polinices, Ismene. Al final, la erinia se detuvo, es cierto. Pero por eliminación de la estirpe de la faz de la tierra. Muerto el perro se acabó la rabia.

Edipo lo había intentado a su manera. Era bueno con las palabras, con cierto tipo de palabras, precisamente aquellas que pueden traducirse, interpretarse, que averiguan una verdad que está en alguna parte. Edipo era una especie de lingüista al que su talento había coronado monarca, cosa que les pasa a muy pocos lingüistas. Había descifrado los enigmas de la Esfinge. Un enigma es un acertijo, un juego de palabras, un truco de magia, pero no magia.

Para magia, la del oráculo de Delfos. Pero la palabra del oráculo de Delfos no tenía que ver con acertijos. Decía la verdad, pero la decía de una manera oscura y la verdad que ofrecía tenía que desentrañarla el que escuchaba. Era una verdad que importaba y que sobre todo importaba al que iba a buscarla, así que el suplicante tenía que esforzarse, tenía que encontrarla en su interior además de encontrarla en el interior de las palabras.

Edipo no sabe de interiores ni de exteriores en lo referente al lenguaje. Las palabras son palabras y dicen lo que dicen. Si hace falta se interpretan. Y si hace falta se deshacen acertijos. No hay metáfora ni símbolo ni misterio, lo que hay es la verdad, única, monocolor. La verdad es una cosa que se investiga y ya. Es como llevar el caballo al herrero, lo llevas para que le pongan herraduras, no porque el jumento sienta curiosidad por el oficio ni para que a continuación escriba un poema. Hay mucho poeta suelto. Edipo es de esas personas a las que cuando les dicen «te amo», ya saben lo que les están diciendo y no tienen dudas ni incertidumbres, ni se estremecen siquiera, así que se vuelven a casa tan contentos. Todo el mundo sabe lo que es el amor y viene en el diccionario. Amar es amar aquí y en Lima. Qué más hay que saber o sentir. Está todo dicho y el futuro, escrito. Fácil.

Por eso le va mal con los oráculos. El de Delfos le dijo que mataría a su padre y se acostaría con su madre. No se inmutó Edipo. Con no matar a su padre y no acostarse con su madre, asunto resuelto. No podía sospechar —o mejor dicho, lo había sospechado desde mucho antes y precisamente por eso fue a preguntarle a la Pitia— que sus padres fueran otros distintos de los legales, de los nominales. Pero no le gustan los secretos ni las oscuridades, así que no lo piensa más. Y, como no lo piensa, acaba matando a su padre y acostándose con su madre.

Y del mismo modo, cuando la plaga y el hambre asolan Tebas, y Apolo le dice que la miseria solo cesará cuando se expulse al miasma que se alimenta de esa tierra, Edipo piensa que ha de encontrar al culpable y desterrarlo o matarlo. No se le ocurre que pueda ser él. En realidad, las cosas nunca son tan simples y tampoco la responsabilidad es enteramente suya. El asunto viene de antiguo.

Su abuelo Lábdaco se negó a hacer sacrificios a Dionisos y la maldición inició su periplo en la familia. Su padre Layo, un violador taimado, le abandonó en las afueras de Tebas con los pies atravesados por fíbulas (*Oidípous*: pies hinchados), para que nadie le adoptase y muriese de hambre o comido por las fieras. Le habían vaticinado que un hijo suyo le mataría. La mácula ya ha prendido en el linaje de los labdácidas.

Aparte, cada cual arrastra su carga. Como en las crisis, que cada una lleva su miseria, pero con el mismo aire de familia. La carga del lingüista Edipo es que nunca duda de su interpretación de los hechos, porque nunca duda de su interpretación de las palabras. Por eso, su historia está llena de oráculos y de enigmas, de medias palabras, de diálogos ambiguos, para que contraste con la obcecación edípica de que solo hay una forma de ver las cosas y de decir las cosas.

Tanta clarividencia, cuando descubra la verdad que no ha querido ver, acabará pagándola con la ceguera. Él mismo se arranca los ojos: total, para lo que le sirven. Ya lo dijimos: no nos quedamos mudos, nos quedamos ciegos. De nada le vale el argumento de Creonte de que después de todo él no sabía que Layo era su padre ni Yocasta su madre. Es inocente. ¿Quién podría culparle?

Pero no es inocente. Sí sabía. Lo que pasa es que no era un saber demostrativo, con pruebas, claro y palpable como el agua de los arroyos de Beocia. Era una intuición. Intuía que había un secreto en su filiación, que los oráculos le advertían, que las pruebas que el hado le enviaba eran para empujarle cuanto antes a su destino. La misma furia con la que trata de descubrir al culpable de la plaga para castigarle es la misma que tiene contra sí mismo. Quiere descubrirse de una vez, quiere ser condenado y castigado. Él conoce su crimen. Tiene prisa por que se descubra y rabia por la tardanza. Los demás dirán que es inocente, pero en realidad se equivocan de crimen. Solo él sabe cuál es.

Y por primera vez se encuentra con algo que las palabras no pueden decir. ¿Cómo explicar que él ya lo sabía y que lo sabía de otra manera, por otros caminos, a través de eso que llaman intuición?

noeín, *pensar con el corazón*

Hay una palabra en griego que tiene ese sentido: *noeín*. Es un verbo y él mismo significa algo que se puede decir de muchas maneras. Por supuesto, intuir, pensar intuitivamente, pero también pensar con algo más que con el pensamiento racional, captar al primer golpe de vista, saber de antemano, sin pruebas, sin experiencia, como en el *a priori* kantiano. Pensar con el corazón, también podríamos decir. O pensar con el espíritu, siendo el espíritu el intelecto que compartimos con el cosmos. Ese intelecto del cosmos es una palabra derivada de *noeín*: *noús*. Y el acto o la disposición para pensar de esa manera tiene otro nombre: *nóesis*.

Es una constelación de palabras que utilizan mucho los filósofos, incluso en nuestros días. Pero entonces era el fundamento de la filosofía, su piedra fundacional, su clave, su método. *Noeín* es la palabra central en el poema de Parménides *Sobre la naturaleza* (*Péri phýsis*). «Todo lo que piensas es», le dice la diosa al joven (*koúros*) que ha viajado hasta ella. El eco de esas palabras llegará hasta Spinoza y luego, más allá. Por lo que sabemos, no se han sacado las debidas consecuencias.

En filosofía pensar se hace con palabras, pero solo con cierta clase de palabras. Porque con las palabras hay que tener cuidado, basta pensar en Edipo (basta pensar en los telediarios). Palabras como las del poema de Parménides que permiten acercarse a los lugares donde las cosas dejan de verse a la luz del sol y, sin embargo, se ven claramente en la oscuridad. De ahí el Hades. Ellas no son el final del camino, pero orientan el camino. No son las que llegan a la meta, pero mientras tanto han ordenado el paisaje.

Son palabras especiales. Podemos llamarlas *palabras sensibles.* Ven claramente en la oscuridad, como se ve claramente en el amor o en el desamor. Además, el amor conoce el infierno o, por lo menos, siempre lo tiene presente. También son como el pálpito del corazón, nos advierten, nos conducen en los dilemas, gritan en las malas decisiones, nos encogen de miedo en las trampas, advierten de las traiciones: Sócrates lo llamó *daímon* —que en griego no es demonio, sino lo divino, también lo divino que hay en nosotros—. Andan con nosotros el camino como compañeras de vida, proyectan en la imaginación, hacen planes imposibles, juegan. Y es entonces cuando al mirar por cualquiera de las ventanas de la vida, la del afecto, la de la separación, la del trabajo, la de la pérdida, la del logro, la del coche o la del avión, lo que se ve tiene sentido. No significado, pero sí sentido. No lo que viene en el diccionario, pero sí lo que viene en el sentimiento. Palabra sensible.

Esas son las palabras del *noeín*. Las que hacen cosas nuevas, las que pintan el paisaje y le dan su luz, las que nos impulsan a aprender sobre el hecho de existir, las que evitan que hagamos daño gratuito o ignorante a los otros, las que nos dicen que no estamos solos y que el cosmos es nuestra casa (¿qué otro lugar podría ser nuestra casa?).

Lo que pasa es que no se pueden explicar y apenas se pueden decir. De hecho, decirlas no merece la pena. Así lo escribe Platón en su *Carta VII*: «Pero cuando nos vemos obligados a definir claramente el quinto elemento (el conocimiento en sí), cualquier persona capacitada para refutarlo nos aventaja si lo desea, y consigue que las explicaciones que damos, sea con palabras o por escrito o por medio de respuestas, den la impresión de que no sabemos nada de lo que intentamos decir.»

Unas noches atrás, sobre las once, vi a un hombre pasear junto a un niño de 9 o 10 años con síndrome de Down. Supuse que eran padre e hijo; el padre pasaba de los 50, aspecto cansado y pálido, muy flaco bajo una trenca, gafas caídas, y a la vez un gesto de entrega inquebrantable orientado hacia el muchacho. Pasaron bajo el ventanal y pude escucharlos claramente. El padre le cantaba una canción en italiano (en esta zona de

Chamberí se emplazan la Scuola y la embajada italiana, y alrededor un buen número de tiendas, librerías y restaurantes con productos y personal oriundo). Era un estribillo de *Lo scriveró nel vento*, una canción infantil que había oído a mis hijas en alguna ceremonia del colegio italiano en el que están matriculadas, por cierto: *Vento soffia più piano e questo mondo che mondo sarà*... Es una canción que habla del viento que empujará el amor superando las distancias, las lenguas, los mares. Y de que todos responderán. Siempre me había gustado por la energía con que expresa el rechazo a los muros, por las voces infantiles gritando libertad. Los coros de niños siempre añaden cierta integridad moral a los himnos. El niño es una imagen del alma, por eso los cuidamos, por eso duele tanto que los maltraten. Un coro de niños es así un coro de almas.

Ver a aquel hombre cansado, inclinado sobre el muchacho y cantándole *Lo escriverò*... no podía ser más que una forma de tranquilizarle o consolarle por algo. Seguramente el niño lo estaba pasando mal o le había ocurrido algo, quizá a ambos: ahora las tragedias son vecinas unas de otras, se pasan el testigo, ya no suceden en países remotos. El dolor ha hecho encogerse al mundo y el mundo ha ampliado los mapas del dolor.

Les vi irse calle abajo y perderse de vista. Aquel padre concentrado en la pena del niño y el niño escuchándole atentamente, solo podía suceder por aquella mezcla de palabra y música que sonaba en la noche desierta, con luces que no iluminaban nada vivo.

Una atención plena del uno hacia el otro, una entrega más fuerte que la noche sobre la ciudad, que el ruido de las fallebas, que los motores de los taxis errantes. La soledad y el miedo se aprietan contra el pequeño círculo formado por el padre que consuela y el niño que necesita ser consolado. Es más intenso y más grave ese consuelo que el de otras veces. Ahora no hay nadie más, no hay mundo que distraiga, no hay adónde ir. El padre canta *Lo scriverò nel vento,* y las notas no encuentran obstáculo para trasladarse hasta el otro extremo de la tierra. Alguien, como en la canción, les responderá y quizá les diga: yo también estoy escribiendo en el viento.

Cuando hay que salvar la vida de alguien a quien se ama, se sabe que alrededor hay mucha gente y al mismo tiempo que no hay nadie. En el amor doliente el universo nos rodea lleno y vacío.

Ahora mismo, yo estoy escribiendo en el viento.

La palabra y el canto nacieron juntos, al menos en nuestra tradición literaria. Hexámetros para el ciclo homérico y versículos para la Torá. Hay que entonarlos, hay que medir sus sílabas largas y breves y otorgarles su duración, su métrica. Cantar y contar: esta es una de las variantes. Algunas palabras son cantos por sí mismas, llevan la música dentro, no necesitan notas interpuestas, ni siquiera se necesita que suenen como una melodía, porque ya suenan y resuenan en el fondo del corazón:

La cólera canta, diosa, de Aquiles Pelida,
destructora, que a los aqueos causó pesar sin número
y al Hades arrojó muchas almas audaces
de héroes, mientras sus cuerpos eran pasto de los perros
y de los pájaros, cumpliéndose la voluntad de Zeus...

O también esto otro:

Aunque camine por el valle de las sombras,
no temeré, porque, Oh Señor, tú vas conmigo,
tu vara y tu cayado me sustentan...

No hay mucha distancia con esto otro, solo de siglos:

Aunque nada pueda devolverte la hora
del esplendor en la hierba, de la gloria entre las flores,
no debes afligirte, pues la esperanza
pervive en el recuerdo.

La palabra literaria nació con su canto, porque estaba hecha para llegar al corazón, el medio por el que captamos de un golpe de vista lo que escapa a la aritmética del control. Y para hacer volar el alma, liberándola de las prisiones mentales, de las condiciones impuestas, de la Historia, de la adversidad que al final nunca esconde el rostro, que es siempre el mismo.

La palabra sensible no necesita ser lírica. Puede ser simplemente apropiada, acertada, necesaria. No es tan fácil acertar con estas cualidades, dar en la diana. Son otra manera de cantar, y exigen detenimiento y observación, aprendizaje de la experiencia, empatía.

A veces, son palabras muy simples, exactas, pronunciadas en el instante justo: «No tengas miedo, estoy contigo», «te quiero», «te echo de menos», «también esto pasará»... «Aquí hemos venido para morir», dice en *Salvar al soldado Ryan* el capitán Miller, buscando contener las emociones de su tropa, mientras se produce la masacre de la playa de Omaha. Y Teseo a un Heracles que en un ataque de locura ha matado a su mujer y a sus hijos: «Los dioses ultrajan a sus padres y conciertan entre sí uniones ilegales. Sin embargo, continúan en el Olimpo y soportando sus propias faltas. ¿Por qué tú, un simple mortal, has de reaccionar con desproporción?».

Después de los aplausos de las ocho de la tarde, el dueño de la farmacia de enfrente, de regreso a su casa en una calle lateral, suele quedarse a charlar unos minutos bajo mi ventana (es un primero). Se llama Edmundo. Su mujer y su hijo estaban trabajando y estudiando respectivamente en Bruselas cuando se emitió el decreto de confinamiento y se quedaron allí. Ambos tenían tarea en el extranjero para un año. Antes, venían todos los fines de semana o bien viajaba él.

Le gusta hablar, quizá porque se siente solo, aunque en el pasado tampoco rechazó nunca un poco de charla con cualquier pretexto. A mí me cogió por banda cuando nos mudamos a este barrio y ya no me ha soltado. El caso es que cuando se acerca y se queda bajo el ventanal a última hora de la tarde, su saludo es: «¿Cómo estáis?». Es un plural nuevo o que yo oigo como nuevo. Un encuentro casual entre dos individuos solía ir en singular: ¿cómo estás?, o alguna otra fórmula. Y es una frase que por su entonación —algo más firme que un saludo— y su intensidad —no se va diluyendo hacia el final— suena distinta a todas las frases iguales, mil veces oídas, que yo haya escuchado en otro momento. Se dice con todo el ser, y eso lo notan las entrañas del que oye. Cuando apoyamos todo lo que somos y todo lo que tenemos en una frase, la frase cambia.

¿Cómo estáis? Yo y los míos. Cada uno nos hemos convertido en la cara visible de una colectividad —los parientes, los amigos— ligada inexorablemente a nosotros en la alegría y en la desgracia. Somos un plural. Uno ya no va solo a ninguna parte ni puede tener la pretensión de que se le considere como un individuo singular, un ser estrictamente confinado a la unidad. Ahora cada uno somos muchos. Nos saludamos y abrazamos en grupo. Nos miramos enlazados a muchedumbres. En cualquier momento, esa persona con la que hablo puede estar siendo golpeada, a través de otros, en un lugar que no puedo ver o al que no alcanzo, por la enfermedad o por la muerte. Somos muchos y somos otros. Ya no es suficiente con un saludo convencional ni con una mirada rápida para saber cómo está el de enfrente. Hay que detenerse y esperar la respuesta. Una respuesta que puede ser importante, que puede cambiarlo todo. Y la respuesta tampoco puede ser evasiva. Ahora ya no. El interlocutor se ha comprometido mucho en la pregunta, ha echado encima su ser entero. Nosotros debemos corresponderle con sinceridad, no es legítimo ocultar el dolor o la inquietud. Has de decir la verdad.

Hay que decir la verdad, porque al final, habiendo muchos que están detrás de cada uno, donde no se les ve, tocados o no por la adversidad, puede que formen una cadena que se alargue hasta el tamaño de la humanidad. Y puede mentirse a alguien en particular, pero no a la humanidad toda. No tendría sentido. Se acabaría enterando por este o por aquel.

«¿Cómo estáis?» Eso también es palabra sensible.

La palabra justa, el momento y el lugar oportunos, la medida adecuada. Hay un concepto en griego para el momento crítico, especial, que puede cambiar las cosas: *kairós*. Expresa el sentimiento de que cualquier crisis es ambivalente y fácilmente puede inclinarse tanto a la fatalidad como a la fortuna. Es una intuición de la fragilidad humana, de las encrucijadas que esconden su signo. Dentro de esa polisemia, a veces también se usa para designar un órgano o una parte especialmente vulnerable del cuerpo, algo que puede ser atacado con malignidad. Visión de la medida y de la oportunidad. Visión de la fragilidad y del peligro.

La palabra interviene, y lo hace para pronosticar y curar. Sobre todo, para curar. A esta palabra sanadora, los griegos la llamaron *epodé*. Nosotros tenemos un término bastante parecido, que reúne también la acepción farmacológica (la pócima) y el canto: encantamiento. Y también salmo, que viene del griego (*psalmós*, esa «psi» antepuesta, llevando sus alas), en concreto, de un verbo que alude a tocar las cuerdas de un instrumento (*psalméin*). Conjuro es otra variante.

Curaban de verdad, lo psíquico y lo físico. Esto es difícil de creer y de entender, pero hay un largo trayecto de la *epodé* que pasa desde las urgencias clínicas del momento a los santuarios que ejercen de hospitales, a los *iatromantéis* que escuchan y diagnostican, a la tragedia y al diálogo filosófico. En todos esos episodios la palabra impera, aunque necesita ayuda, a veces, mucha ayuda: el *fármakon* (las hierbas para el remedio), y al sacerdote que habla con el dios, el *ouliadés* en íntimo contacto con su padre Apolo Oulios.

Y en otras ocasiones, inopinadamente, la palabra no necesita de más ayuda que de ella misma, aunque parezca no bastar. Así, el estremecedor pasaje del canto XIX de la *Odisea*, cuando el héroe todavía joven es atacado por un jabalí malherido que le desgarra con sus colmillos. Tratan de mantenerlo vivo hasta llegar a la casa de su abuelo Autólico, la hemorragia es grave. He aquí, lo que el texto afirma: «Y la negra sangre con encantamientos detuvieron» (*epaoidé,* dice el texto, un dativo). La detuvieron con palabras, con cierto tipo de palabras, desde luego. Es probable que no fueran melódicas, ni parecidas a una cantinela, sino palabras justas, palabras con *kairós*. Puede que simplemente trataran de mantenerlo despierto, como cuando en las películas a un herido se le dice que no se duerma para evitar el coma. Aunque con más gracia, supongo.

Nuestro inconsciente colectivo (por llamarlo de una manera mítica) nos dice que las palabras pueden hacer mucho. Por ejemplo, mantenernos vivos más tiempo del pronosticado por la medicina, soportar lo insoportable —los encierros, la penalidad, la privación—. La autoridad importa, desde luego. La autoridad del que habla, del que nos da la palabra que encanta la realidad cruda, dura, inasequible. La autoridad del médico, del sabio, del poeta, del amado, del amigo. Le otorgamos fuerza sobre los acontecimientos. Igual que podríamos otorgársela a los poderes públicos cuando se produce una pandemia. La autoridad de las instituciones, de los periódicos, del personal sanitario, de los estadísticos. Si hemos de mantenernos vivos, si hemos de superar pruebas difíciles y necesitamos confianza y palabras de ánimo, más vale que quien las diga tenga para nosotros alguna clase de autoridad. Más vale, porque si las dice sin tenerla, puede que las escuchemos, pero no servirán de nada. Seguiremos enfermando y muriendo como chinches.

Desgraciadamente, las simples palabras de ánimo en nuestra época son formularias, lejos están de transmitir el poder sobre lo real. Se parecen a las declaraciones de amor romántico, tan gastadas que los enamorados han optado por no declararse. Y se observa que los políticos y los medios de comunicación se sienten incómodos cuando entran en el terreno de la vida. El discurso bélico se les da mejor, el discurso de peligros y amenazas, de bajas, de recitación del orden del día. Difícil escapar de los clichés cuando a la palabra le hemos arrebatado su poder y su presencia.

En Grecia no faltaban los santuarios. Era una forma de decir que la autoridad residía en alguna parte, en lugares sagrados dirigidos por presbíteros, bajo la tutela de un dios o de varios. Los había en Delfos y en Epidauro. En Delfos se repartían el poder Apolo y Dionisos, quizá no tan diferentes como se nos antoja. Epidauro estaba bajo la advocación de Asclepios, el dios de la medicina, hijo de Apolo, al que Zeus mató con el rayo por su propensión a resucitar a los muertos y, tras las agrias quejas del padre, lo inmortalizó llevándoselo al Olimpo. La muerte y la inmortalidad a veces son consecutivas.

En Delfos, la medicina era la palabra pronunciada por la Pitia, la voz de Apolo. Sus palabras procedían de un estado de trance, y apenas se entendían, menos aún cuando las trasponía, para dejarlas en alto estilo griego, un escriba poeta. En cierta ocasión, la Pitia le dijo al estratego Alcibíades algo que se entendía claramente, pero que se traducía con dificultad: que Atenas se defendería eficazmente de los persas recurriendo a la madera. Durante un tiempo, Alcibíades mandó construir empalizadas, hasta que cayó en la cuenta de que la Pitia se refería a los barcos. De ahí la famosa batalla de Salamina. Un oráculo enrevesado para tiempos enrevesados.

En el frontispicio del templo de Apolo en Delfos rezaba: «Conócete a ti mismo». Aquí la traducción también es fácil, pero el sentido lo es menos. Para qué sirve eso, cómo se consigue. Puede que tenga que ver con cierta economía de la acción y cierto ahorro de fracasos. Hasta dónde llego, cuáles son mis límites, la medida de mis fuerzas, de mi inteligencia, de mi capacidad de amar.

Hay que ser un héroe para responder honradamente a preguntas así. Héroe y honrado, una unión íntima (*herós, kléos*). Si te honran, has de honrarte tú también, de lo contrario esa honra más bien te horada. Hay que ser un héroe que se honra a sí mismo para decirse que uno no es tan listo como esperaba, ni tan digno de ser amado. Que de todas las cosas que desea solo conseguirá algunas, tal vez muy pocas. O ninguna. Las irá cambiando por otras, las irá denigrando en su deseo, las olvidará o las injuriará, pero habrá una diferencia entre saber que lo está haciendo y no saberlo en absoluto. El héroe es un héroe hasta cuando reconoce su despreciable conducta, el lamentable espectáculo que ofrece su espíritu.

Pero ese trabajo de clarificación no lo hace la Pitia. Lo hace el peregrino, el suplicante. La palabra oscura termina siendo una ventana abierta a la meditación.

La actividad del santuario de Epidauro —frente a la oracular de Delfos— era básicamente clínica, pero su fama se debe sobre todo a su teatro, con capacidad para 12.000 espectadores, uno de los mayores de la Antigüedad. Cabe preguntarse qué sentido tenía semejante construcción al lado de un hospital. En Delfos también hay uno, bastante más reducido, con capacidad para 5.000 espectadores.

El teatro antiguo es el templo de la palabra, de varias clases de palabra que adoptan ritmos y medidas diferentes. Hay cantos, discursos, sanciones divinas, asambleas ciudadanas, súplicas, y cada uno de ellos tiene su registro, su categoría, su empleo. No habla lo mismo el protagonista que el coro, ni un dios que un mortal. Al teatro se va a escuchar palabras, a ser transportado por las palabras. ¿Adónde? Al lugar donde escuchamos las nuestras, que también son de muchas clases y se pronuncian de diferentes maneras.

Escuchar palabras: lo más importante es que no suenan como las de las jornadas corrientes. Ni las dice la misma boca. Desde la *skené* o desde cierto punto de la *orchestra* el efecto acústico es inquietante. Al hablar, la palabra vuelve al que la dice, desde lejos, pronunciada por una boca que parece la nuestra, pero que no lo es del todo. No es un eco, es otra cosa, algo más.

La sensación es la de que alguien susurra nuestras propias palabras, de que nos está contando algo que ya sabemos, pero dicho de tal modo que se modifica y adquiere trascendencia (en sentido literal, trasciende físicamente). Esa otra voz distante, con la que de pronto nos hemos echado a conversar, no tarda en identificarse con el alma, la parte de nosotros cuya residencia es el cuerpo, pero que puede volar a las regiones desconocidas del sentido y del sentimiento.

el yo y el alma

Hablamos y nos hablan, nos hablan porque hablamos, hablamos y estamos siendo hablados. Es extraño, pero el desdoblamiento es sensible. El Yo se encuentra con el alma, y curiosamente es tranquilizador saber que existimos fuera y dentro de nuestro cuerpo, que la idea de que vivimos en su prisión no es más que una fantasía, como bien se muestra desde la *skené* o desde la *orchestra*.

Es importante que los enfermos sepan y sientan eso. Es importante que los que están sanos no lo olviden cuando llegue la hora de la enfermedad. Que el cuerpo no nos recluya y ejerza su tiranía, que no se crea más poderoso que nosotros, que no nos asuste con el sufrimiento o con la mortalidad. No solo tenemos recursos y remedios, tenemos alma. Y podemos hablar con ella cuando lo necesitamos.

La clínica junto al teatro, y ambos junto al templo. En estos espacios siempre hay templos para sus dioses, Apolo, Asclepios. El esquema está claro y la intención también. Por eso los griegos antiguos los llamaban santuarios y no hospitales.

Y en el teatro se representaban tragedias. Había otros espectáculos y oficios, pero la tragedia era la gran ceremonia del lugar, de origen sagrado en honor de Dionisos y eminentemente cívica. Pilar de la *paideía*, de la educación ciudadana, hizo de Grecia un símbolo de cultura política y de creación.

Por la tragedia llegaba la catarsis (*kátharsis*). Pero antes había que seguir algunos pasos: había un protagonista mítico, reconocido rápidamente por el público, el protagonista cometía errores, en un momento dado los reconocía, a menudo demasiado tarde —a veces nunca, y esa tarea le tocaba al espectador—, pero ese reconocimiento (*anagnórisis*) era crucial, pues abría la puerta a la purificación de las emociones, al consuelo de sus tormentos, dudas, dilemas. *Kátharsis.*

Se habla mucho de catarsis, pero para llegar a ella es conveniente no saltarse los pasos. No es un éxtasis, ni un delirio: es un proceso de conocimiento y de reconocimiento.

La tragedia pone en escena un conflicto entre fuerzas tan poderosas que resulta complicado encontrarle solución. Casi nunca se encuentra. La discusión entre Prometeo y Zeus, descrita por Esquilo, es eterna, no terminará nunca. Ambos tienen razón y ambos cometen excesos y pecados, padecen hibris (*hýbris*). Edipo se arrancará los ojos, pero no detendrá la maldición: ha vuelto a equivocarse. Jasón es un hipócrita dañino y Medea es una asesina de sus propios hijos, con cuál quedarse. A Orestes le asiste la razón y no le asiste ninguna cuando mata a su madre, hasta el Areópago al juzgar su crimen es incapaz de dictar sentencia, empate a votos. En fin, no es la solución lo que consuela y tranquiliza el espíritu, lo que nos libera de la opresión.

Es la representación. Simplemente, poder ver afuera lo que llevamos dentro. Dentro, todo nos parece original y sombrío; después de todo, lo tenemos a oscuras. Fuera, sobre la escena, le da la luz y se mueve con gestos reconocibles y compartidos por todos. No era tan malo, todos lo padecemos de alguna manera. Y además denuncia que nos hemos vuelto locos buscando una solución que no existía. Cuando los problemas son verdaderamente graves, no hay soluciones, así que tranquilo. Si tuvieran solución, no serían problemas verdaderamente graves. Otra vía de consuelo, de alivio. ¿Sabes cómo enfermas? Buscando solución a lo que no la tiene. Buscando soluciones por la vida con el resultado de convertir todo en problema.

En suma, entrando en contacto con nuestras conflictivas emociones nos vamos curando o por lo menos previniendo la enfermedad, el dolor. Además, cuando las contemplamos en otros, como en los personajes del drama, nos produce la ilusión de cuidar, cuidar en los conflictos, cuidar el dolor. El enfermo cuidando, el enfermo curándose. ¿No suele decirse que curar es curarse?

Por otro lado, la verdad es espaciosa y en ella no solo cabe el dolor. Eso también lo muestra la tragedia, la palabra en busca de la catarsis anticipada, con otros personajes, con tramas y músicas sutiles: Tiresias diciéndole a Edipo por activa y por pasiva que se olvide del asunto, Cadmo llevando suavemente de la mano a Ágave hacia el reconocimiento de su crimen atroz, Ismene describiendo a Antígona la felicidad que está echando por la borda, Teseo y Heracles...

La verdad, por cruda que sea, es hospitalaria y en el sufrimiento no solamente existe el sufrimiento. En el dolor no solo hay dolor. Depende de adónde miremos, si podemos representarlo o no. Si tenemos palabras para hacerlo o no.

Había sacerdotes de la palabra. Los de Apolo eran los más conocidos, los más poderosos. El ambivalente Apolo sana y enferma, da la vida y da la muerte. Apolo Oulios. El dios tenía más nombres, claro está, porque los dioses eran metamórficos, proteicos, aborrecían presentarse al mundo con una sola cara y un solo carácter. Se cansaban de sí mismos más que los mortales empeñados en la coherencia y en negar el principio de contradicción. Si matas por la mañana, suelen entrarte ganas de curar a alguien por las tardes. Hay que aceptarlo. No nos admitirán en ningún club decente, pero al menos no engañamos a nadie.

Practicaban la incubación (*enkoímesis*). Se purificaban durante un tiempo mediante un régimen de silencio y dieta alimenticia. Seguían en sus labores habituales y si alguien les hablaba, se llevaban el índice a los labios. Solo probaban el agua. A los tres días iban a dormir al *asclepeíon* y soñaban sin descanso. Si al cuerpo se le quita el habla y el alimento, se libera de humores, se limpia, y así queda listo para que entren las visiones, sin adherencias, ni impurezas físicas. Al día siguiente el sacerdote *iatrómantis* le traducía las imágenes y conversaba con él acerca de su problema. Poco a poco, el doliente iba encontrando la salida al conflicto, al dilema, al dolor.

Las palabras estaban al principio y al final de la tragedia. Aquí están solo al final. Aunque, por la función que cumplen enseñando la puerta de salida, da la impresión de que han estado desde el principio. Y lo han estado. Para empezar, han debido callar. Luego, se han mezclado seguramente con las imágenes de los sueños, pues los sueños no son únicamente un espectáculo de luz y sonido. Escuchamos lo que no sabíamos, retraducimos lo que ya habíamos aprendido, hablamos en lenguas desconocidas que pueden ser incluso la nuestra, oída por oídos extranjeros. Por último, son las que dicen lo que ha pasado y lo que está pasando. Las que aportan alguna clase de orden, ya que las palabras tienen un orden y pueden prestárselo a quien se lo pida.

Este es un tema contemporáneo. Era la estrategia de Freud cuando presuponía que la palabra estaba adherida al síntoma en la misma medida en que el síntoma lo estaba al conflicto que causaba la enfermedad. Con frecuencia llamamos a la misma cosa con nombres distintos. Puede que la palabra dolorosa, el síntoma y la enfermedad sean lo mismo con formas de expresión distintas. A lo mejor debiéramos tenerlo en cuenta. De modo que la palabra que sale del síntoma es síntoma. Y la palabra que sale del síntoma que brota de la enfermedad es enfermedad.

Estos antiguos sacerdotes de Apolo no eran, por tanto, tan antiguos. Los *iatromantéis* ya sabían lo que Freud tuvo que descubrir. La palabra sale de las imágenes del sueño y las imágenes del sueño salen de un conflicto limpio de impurezas. Así que no es rara la inclinación del psicoanalista austríaco y sus discípulos a dejarse inspirar por los griegos. Complejo de Edipo, complejo de Electra, complejo de Antígona...

Al arrancar la palabra que está enferma con la enfermedad, sanamos. Algunos pensarán que esto solo vale para el dolor psíquico. Se equivocan. Ahora ya aceptamos —la ciencia médica lo sabe— que el dolor físico es modulable, que ciertas operaciones mentales y ciertas formas de pensarlo y de nombrarlo lo manipulan y hasta lo hacen desaparecer. El dolor tiene escalas y umbrales sobre los que podemos actuar, sobre los que actuamos.

Aunque separar el dolor físico y el psíquico forma parte de ese sistema de categorías y de opuestos contradictorios que tanto nos gustan. ¿Hay alguna diferencia? Sí, que cuando tenemos uno, preferiríamos el otro.

soñar, dialogar, hacer alma

Hay amigos con los que hablo que confiesan estar soñando demasiado. ¿Qué es soñar demasiado? El sueño es hiperestésico de por sí, todo lo que en él pasa se siente intensamente. Seguramente lo que los amigos quieren decir es que la hiperestesia ha ido en aumento. Llegan a la vigilia conmocionados. Como hace unos años estudié con algún detalle la interpretación de los sueños en el psicoanálisis —Freud y Jung, más que nada, y terminé aborreciendo su método, que al final, a pesar de la profusa epistemología, no consistía más que en descifrar claves, como los acertijos que le gustaban a Edipo—, suelen insinuarme que me esfuerce un poco y se los aclare. No saben adónde han ido a pedir claridad.

En realidad, un sueño debe leerse como una narración literaria. Lo que se dice y lo que se cuenta. Prestando especial atención a lo que se dice y cómo se dice y por qué se dice. Para después saber qué es lo que trata de contar y si lo consigue, algo que no siempre pasa. En resumen, es una narración, no un acertijo, ni una tómbola de símbolos. Y no está en un reino de misterios oníricos, sino pegado a la vida como una lapa. Lo que pasa es que la vida tiene muchas conchas, estoy de acuerdo. Hay que buscar a qué narración de la vida propia se refiere y después dejarse llevar hasta el final, como en los buenos relatos.

Ahora soñamos demasiado, porque la experiencia del confinamiento ha aumentado la intensidad y ocupación del tiempo, a la vez que nos ha despojado de muchas otras experiencias que entretenían o divertían, superficiales, gratas y vacuas. Nuestro silencio ha aumentado. Nuestra dieta ha variado para bien o para mal. Hay demasiados huecos, demasiadas ausencias. Y sobre todo hay demasiadas incertidumbres y miedos. La imaginación viene a compensarlo. Y si no puede durante la vigilia, entonces lo hará durante el sueño. Pedimos a gritos a un *iatrómantis* de Agrigento, con el *asclepeíon* bañado por el aire salado del mar siciliano.

Hay que prestar atención a los sueños, porque no paran de hablar, aparte de que quieren que les hablemos. Hay que pedirle acción al *iatrómantis* que todos llevamos dentro.

Existió una forma de filosofar en la que coinciden el trágico y el *iatrómantis*. El diálogo platónico —cuyo incombustible protagonista es Sócrates— es un intercambio de voces en busca de algo que no se encuentra. Si la tragedia no tiene solución para el conflicto, el diálogo platónico no encuentra término para su tema, pero ello no impide seguir buscando ni seguir hablando. La psicología profunda hace mucho que mantiene que el pensamiento abstracto, que la reflexión sobre lo que desconocemos y que los temas inmortales «hacen alma» (Jung). Sin importar el resultado, que suele ser variable y caduco. El espíritu se abre, las palabras vuelan, somos más grandes y abarcamos más mundo cuando hablamos sobre la mortalidad, el amor, el bien, la virtud, la belleza.

¿No sirve para nada? Bueno, eso sería una ventaja. Quien más quien menos ya está un poco harto de aperos útiles, de cajas de herramientas, ya sean de hierro o conceptuales. Pero el caso es que, aunque su servicio sea tan poco remunerado como ensanchar la perspectiva y dejarnos salir a tomar el aire desde la cárcel de los tópicos cotidianos, de los repasos al periódico en las cenas con amigos y en los chats, acaba resultando un alivio profundo. Nos libera de la monotonía, de la desidia del lenguaje, de la sensación de estar escupiendo restos de noticias, de saberes divulgativos, de opiniones ajenas cada vez que abrimos la boca. Nos tomamos nuestro tiempo antes de hablar, pensamos y repensamos, buscamos el mejor vocablo, reconstruimos sobre la marcha, elaboramos. Una cierta armonía con la palabra se instala en el ánimo, nos relacionamos con algo que sale de nuestro interior al exterior de una forma íntegra, no como con un residuo. Y a veces, inspirados, tenemos la impresión de habernos asomado a un balcón desde el que se contempla el universo.

Lo cierto es que además y en ocasiones el diálogo filosófico es efectivo, hacer alma resulta beneficioso para escapar de circunstancias duras o muy duras. En el *Fedón*, Platón relata la última conversación de Sócrates, en las horas previas a que tome la cicuta. Los amigos le acompañan en la celda y están consternados. Sócrates creía que lo había puesto todo en orden, pero ahora se da cuenta del dolor que va a dejar con su muerte. A ninguna persona decente le gusta dejar esa herencia. Irse en paz también implica que los demás queden en paz.

Entonces empieza a hablar del placer y del dolor, siempre socios. De que la filosofía es la más alta música. Y de que lo propio del filósofo es prepararse para la muerte, es decir, preguntarse por el alma, lo verdaderamente inmortal que hay en nosotros.

La noche avanza con parlamentos y cuestionarios, con aproximaciones y desvíos. Al final, todos están muy lejos de la celda, flotan en alguno de aquellos carros que siguen a los dioses por las cimas del cosmos hasta el lugar donde se hallan las Formas. Se han elevado tanto que cuando Sócrates toma el veneno, están tranquilos, sin angustia, contemplando la escena desde lo más alto, sabiendo que algún día despertarán con Sócrates en el seno de los dioses.

El diálogo se lee con el sentimiento de la proximidad de la muerte, pero la música de las palabras no permite la caída en la angustia. Aquí, la catarsis está en seguir el curso de las palabras hasta donde ya no llegan, hasta donde el azul se vuelve negro. Es una representación de lo que llevamos dentro sin conocerlo y de lo que nos espera afuera y que quizá lleguemos a conocer. En su juventud, Platón iba para trágico y escribió algunas obras. Luego, cambió de género e inventó el suyo, su silenciosa tragedia sobre el alma que tenemos y que podemos perder si no la cuidamos.

Y el diálogo tiene mucho del ejercicio del *iatrómantis*. Como sabemos, no va a descubrir ni a definir nada. Quedará inconcluso. Seguiremos al Bien y a la Verdad por cada vericueto del lenguaje, por cada meandro, pero no los encontraremos diáfanos y puros como Tetis saliendo del ponto a una playa dorada. Aquí un rastro casi imperceptible, allí una sombra. Más allá, la luz sobre un camino que se inicia.

Aparentemente, vamos a quedarnos como estábamos. Pero no es del todo así, porque en el camino resulta que ha caído el velo de nuestras falsas definiciones, de nuestras endebles creencias, de las opiniones que atesorábamos y que no son más que cuentos para vagos. No hemos desvelado la Verdad, pero hemos desvelado la obcecación y la falsedad. El Sócrates platónico es un *iatrómantis* invertido. No apunta en dirección a la cura, sino a lo que nos pone enfermos. Porque hay definiciones y certezas que nos enferman con palabras equivocadas, fijas, bien colocadas en el orden del lenguaje, pero mal colocadas en el orden de la vida.

Esta es la segunda parte de la catarsis. No sabemos nada, pero tampoco estamos equivocados. Nos reconocemos a nosotros mismos como fuente de nuestros errores, los señalamos con el dedo y rectificamos. Rectificamos no angustiados por encontrar nuevas evidencias, sino dejando de buscarlas y concentrándonos en el camino. ¿Adónde va el camino? Da igual, porque nunca llegaremos al final. Fallarán las fuerzas, será demasiado abrupto, nos faltará ayuda, moriremos antes.

Resulta que sin llegar a ningún lado y simplemente contabilizando errores nos hemos convertido en otros. Caminantes, peregrinos, cantores de palabras:

en griego, canto y camino son casi la misma palabra (*oímos, oimé*).

Así que la filosofía trataba de la Verdad, pero no de encontrarla, sino de lo que pasaba mientras se iba al encuentro. De los velos que caían mientras llevabas el carro tras los dioses, de los fatigosos caminos que no conducen a ninguna parte excepto a ti mismo, de curar el dolor antes de que aparezca, de mirar desde lo alto esta mortalidad que a ratos estremece.

Palabras... «¿No sabes, Prometeo —pregunta Océano al héroe encadenado de Esquilo—, que para un temple enfermo los únicos médicos son las palabras?»

En el día 42 de este confinamiento, un ciclista de Glovo pasó bajo mi ventana, a las tantas. Dijo: «Echo de menos hasta que me peguen, ya».

No entendí a qué se refería y me parecía que no había necesidad de interpretarlo, solo me llegó perezosamente la idea de que hay una soledad en la que se echa de menos hasta que te peguen. Al menos, eso es estar con otro. A saber qué querría decir a fin de cuentas, pero me dio pena.

Durante toda la noche —al menos hasta que me acuesto— veo pasar bicicletas, vienen de la oscuridad y se pierden en otra oscuridad. Durante un momento, brillan a la luz de las farolas. Pasan ante mi ventana como mensajes que proceden de lo invisible, aunque no se detienen. Seguramente son mensajes para otros. Pienso en las palabras que los destinatarios estarán esperando y sé que, sean las que sean, serán palabras sensibles.

En la soledad del mundo, las palabras no están atrapadas en el callejón del significado. Son palabras libres, una especie de música, como pensaba Sócrates. Alguien las dijo por primera vez y luego las hemos usado de muchas y diferentes maneras. Son como espíritu tallado en el tiempo. Con toda seguridad, cualquiera de ellas ha estado antes en un conjuro, en un mito o en una tragedia.

Es bueno tenerlas, es bueno que lleguen a uno. Nos las envían del pasado y, si somos diligentes, nosotros las enviaremos al futuro. El ciclista brillando entre dos oscuridades.

LAS MUSAS Y LOS NÚMEROS, RECUENTO DE VÍCTIMAS

Se habla de números todo el rato, bueno, en realidad no se habla, porque de los números no se puede hablar: solo hablan ellos. En su turno, lo demás calla. Hay gente a la que le gusta pronunciar números, pero solo porque quiere decirte algo, no hablar sobre ello. El número, aunque también vale la cifra o la cantidad, infunde autoridad a unos y silencio a otros.

Número de infectados, número de fallecidos, número de ingresados en las UCI, número de enfermos dados de alta, índices de contagio, de letalidad, números agregados y desagregados, en porcentajes, en curvas, por provincias, por sectores, comparativos a escala nacional, internacional, global, números divergentes, por día, por mes, desde el principio, desde la última semana, contrastados con otras crisis sanitarias, económicas, números del hundimiento del PIB desde que empezó la pandemia, de la deuda pública, del fondo de ayuda, de parados, de parados futuros, de renta, de Hacienda, de pérdidas, de ganancias por provincias, por comunidades, desde el decreto de alarma, desde principios de año, hasta final de año, de ayuda a las empresas, de ayuda a los autónomos, de créditos bancarios, de créditos a las autonomías, de créditos europeos, de compañías cerradas, en ruina, de primas de riesgo, números sobre los números, números que niegan otros números, números que se rebelan, números que resisten, números posibles, números intuitivos, números especulativos, proyectivos...

¿Seguro que no nos pasa nada o nos ha pasado por la exposición a semejante bombardeo? ¿Hay alguien que pueda entender toda esa aritmética, relacionarlo todo y contemplar algo así como una imagen resultante, una conclusión legítima, una visión? Son demasiados, hay un ambiente atónito dentro y fuera de la cabeza que, sin embargo, no cesa de girar en busca de entendimiento. Puede que terminemos comunicándonos a través del silencio que dejan en el aire, en los ojos, en la boca.

Su silencio es también el de la correspondencia con la realidad, a qué alude su exactitud. Son exactos con ellos mismos, un himno al principio de identidad, mil es igual a mil, más allá de eso... ¿Qué dice el número de contagiados cuando no se han hecho test ni al 10 por ciento de la población? ¿Y el índice de letalidad cuando no estamos seguros del número de muertos ni de contagiados? Apenas nada. ¿Y qué hacer con la discrepancia en 6.800.000 infectados entre el Imperial College y el Ministerio de Sanidad? Menos que nada. Todos los números, todas las cifras caen a continuación como un castillo de naipes. Eran un castillo de naipes. No han perdido su contundencia, porque un número sigue siendo un número, un golpe de precisión sobre tanta ambigüedad, pero han perdido el norte.

A lo mejor es verdad que llegaremos al fondo del asunto guardando silencio y dejando que las cifras parloteen cuanto quieran. Nuestro silencio extendiéndose como una red invisible de sentido. En España van 25.000 muertos. ¿Y eso qué dice, son muchos o son pocos? Depende de con qué lo comparemos. Si los comparamos con la mal llamada *gripe española* de principios del xx, no son nada. O con los niños muertos en la Segunda Guerra Mundial. Para ser sinceros, es un número vergonzoso: deberíamos esforzarnos en morir muchísimo más si no queremos hacer el ridículo en la Historia. Como mínimo llegar al millón; o desnudaremos la catadura moral de nuestras tragedias, de nuestro coraje. Es la hora de los patriotas, de los que deben morir para salvar el honor de todos. Somos novios de la muerte. Ahora, a casarse.

Pero si los comparamos con los 6.800 de Alemania o los 250 de Corea del Sur en estas mismas circunstancias, entonces parece que los jinetes del Apocalipsis se han pegado una buena cabalgada por estos pagos.

¿Pero hasta dónde llega la desgracia, cuál es su monto, con cuánta desesperación debemos relacionarnos con ella? Bueno, como dice el adagio, cuando una persona, solo una, muere, todos morimos un poco. Eso ya es desgracia. Pero la cifra es pequeña: uno. Demasiado poco para la estadística existencial y quizá ni siquiera sea una cuestión de número. Los números se hablan entre ellos, no con nosotros, de acuerdo; pero entre ellos se explican, unos a otros, indefinidamente. Ahora hay muchos muertos por enfermedad, o pocos, depende. Pero si la humanidad se encontrara en peligro extremo de extinción, ¿qué supondría la desaparición de algún millar de millones de individuos del planeta? Mucho dolor. Una gran victoria.

No hay manera de que acudan en nuestra ayuda. Basta fijarse en esas escalas de dolor del 1 al 10, con las que los médicos se orientan sobre el sufrimiento de los pacientes. ¿Podemos comparar el 7 en sujetos tan diferentes como un hipocondríaco, un mártir y una persona con esclerosis múltiple? La papeleta se la queda el médico, porque el número no le proporciona un dato, sino que le invita a resolver un problema que antes no tenía. El de la ecuación personal que altera cualquier cifra.

Para colmo, ahora se aconseja «tomar los datos con cautela». Los números son malos y al parecer esto perjudica a los datos. Es una expresión curiosa. Poco aritmética, desde luego. Cuando yo estudiaba el bachillerato, los datos eran precisamente lo que no se podía mezclar con nada y menos con la cautela. Para eso, mejor dejarlos donde estaban. Se suponía que eran los cimientos del edificio de la realidad. Por ejemplo, es un dato que la humanidad existe y de ella se puede predicar que es mortal, como de Sócrates en los manuales de lógica. Pero si la humanidad no existiese, o solo fuese una ocurrencia de alguien que nunca la ha visto, por ejemplo, un marciano, entonces lo de la mortalidad no vendría a cuento, sería pensar por pensar, o sea, desvariar. Pero a nadie le pediríamos que se tomara a la humanidad con cautela para asegurarle después que era mortal. Los datos eran lo que no fallaba ni eran ocurrencia de nadie, eran verdaderos en su íntima estructura, sólidos, innegables, incontrovertibles. Claro, porque si no, no se habrían llamado datos: se habrían llamado suposiciones o sospechas, o ya directamente fantasías animadas de Walt Disney. ¿Qué es un dato que ha de tomarse con cautela? ¿Mejor no arrimarse? ¿Muerde, contagia?

En su mundo ideal, los números son cuantificaciones que aspiran a la categoría de dato. Por ejemplo, en «Me he divorciado cinco veces» hay un número, una cuantificación y un dato de tal categoría que ya casi no hace falta ni explicar al sujeto. Pero este tipo de revelaciones aritméticas no son frecuentes.

En realidad, la cuantificación fue un fenómeno histórico que fundó la identidad del Occidente cristiano. No es equivalente al número, aunque se exprese con él. Las culturas antiguas también tenían números y también formaban cantidades con ellos, pero no eran culturas cuantificadoras. El asunto va de un proceso constante y acelerado de concebir y definir el mundo real por entero en términos de cantidad, usando instrumentos de medición aritmética. En términos de mónadas cuantitativas, homogéneas.

Los cañones, los relojes, la música escrita, las horas exactas del día, la economía dineraria y finalmente la imprenta, con sus tipos homogéneos, fueron algunos de los modos en que se expresó la nueva mentalidad a partir de 1200, aproximadamente. El mundo se podía medir y el implícito pacto social que suscitó apremiaba a llamar *mundo* a lo que podía medirse y expresarse mediante cantidades. Lo otro era hechicería o misticismo, ambas actitudes repudiadas por igual y con igual vocación de acabar en la hoguera. En cuanto al alma, se quedó convertida en una página de Excel de mandamientos y promesas, con sus correspondientes pecados y virtudes, y dejó de volar al cielo, como consecuencia de que el espacio aéreo empezó a estar vigilado por teólogos e inquisidores.

El número expresó menos una equivalencia entre cualquier aspecto que pudiera medirse, que la necesidad de que todo lo medible lo fuera después de haber sido previamente reducido a elementos homogéneos de medida. Los asistentes a un campo de fútbol y el dolor de una persona son reducidos a esas mónadas que llamamos número. El dolor de los parados en una crisis económica es también expresado en estas mónadas o dígitos. Mucho dolor: cinco millones de parados. Menos dolor: dos millones. Dolor despreciable: un parado.

En uno de los momentos álgidos, Descartes separó a Dios del mundo con su celebrado *Deus ex machina*, Galileo afirmó que la naturaleza podía leerse como un libro que estaba escrito en lenguaje matemático y los mercaderes, con la ampliación a los territorios ultramarinos, descubrieron que estaban llamados a sustituir a la rancia aristocracia que ponía el honor por encima del interés. Poco después, los enciclopedistas quisieron meter todo lo que se sabía en la maqueta de un libro monumental utilizando el sistema de entradas y salidas de los libros de contabilidad.

No fue ni la pasión científica, ni el descubrimiento de un orden interno en la naturaleza o en el universo, ni una visión iluminadora y redentora de la vida humana, ni una discusión sobre las ventajas sociales o morales del nuevo sistema lo que llevó a cuantificar la realidad. Fue el control del medio. Los occidentales cristianos descubrieron que su poder sobre lo que les rodeaba, individuos o masas, amigos o enemigos, tierras o mares, se multiplicaba cuando medían los fenómenos y buscaban su repetición o su regularidad. El científico que habló del principio de incertidumbre y uno de los padres de la física contemporánea, Werner Heisenberg, llegó a comparar el proceso con la obediencia a un mandato inscrito en la genética de la especie: controlar el medio.

la política es cantidad

No hace falta darle muchas vueltas. Lo de pregonar cantidades y cuantificaciones tiene que ver con la política. En su vasta acepción: como manera de detentar el poder, como modelo de las relaciones de pertenencia a un grupo o sociedad, como identidad de la comunidad. Como toda política se sustenta en un panteón —que se expresa de muchas y diferentes maneras, a menudo con la intención de confundir al extraño o al demasiado curioso—, la nuestra ha elegido el suyo, que es el número, la cifra, la cantidad, el resultado. He ahí a otros tantos dioses a los que se podrían añadir el voto, la encuesta, el cómputo, la estadística.

Es curioso que la palabra *política* —que en su acepción común significa para nosotros poder o relaciones de poder— la hayamos derivado de una constelación lingüística griega que no incluye, salvo por asociación lógica o práctica, el tema de las relaciones de poder ni el poder mismo. La ciudad es *pólis*, el ciudadano es *polítes* y la forma de gobierno es *politeía*. Pero la palabra para aludir al poder es *arché* (como en arconte o jerarca), que también es principio, origen, fuente. Y la palabra para la manifestación de ese poder es el verbo *dínamai*, como en *dínamis*, energía.

Cuando los griegos hablan de comunidad, de polis, hablaban de una cosa. Y cuando hablaban de poder, hablaban de otra. No es nuestro caso.

Lo hemos convertido todo en poder y todo en la política resultante del ejercicio del poder. Las relaciones con los otros y las relaciones con el medio civil y con la naturaleza. Lo hemos convertido todo en lucha, en guerra, en adversario, en adversidad. También con nosotros mismos, el enemigo del que no podemos desprendernos. El más fiero e insaciable.

Grandes números, grandes poderes. No concibo 25.000 muertos en mi cabeza, no sé qué significan, ni siquiera me hago una imagen, tendría quizá que verlos uno detrás de otro. Cantidades inconcebibles, sencillamente porque escapan a la percepción, a la imaginación. La imaginación es refractaria a las cifras. Fortuna de Bill Gates: 110.000 millones de dólares. Ganancias de Jeff Bezos desde el 1 de enero al 15 de abril de 2020: 10.000 millones de dólares. Esas sumas no entran en la cabeza. En eso que no imaginamos está la equivalencia entre número y poder. Cuando el número se va a lo inimaginable. Cuando el poder es tan desmesurado que no se puede saber para qué sirve, ni dónde actúa, ni cómo es la persona que lo maneja, si es como nosotros o es una anémona como las que se han puesto a pasear por las calles desde el confinamiento.

¿Cómo se puede hacer comunidad, polis, con cosas inconcebibles, inimaginables? ¿Con ciudadanos inconcebibles los unos para los otros?

Nos dan cifras que no podemos concebir, reflejo secreto del poder que no podemos concebir. Puede que los números controlen el medio, pero con toda seguridad nos controlan a nosotros. Somos responsables, cargamos con ellos, alguien los dice porque tienen significado, nosotros no acabamos de encontrarlo, tal vez no lo tengan. Solo hay una solución: obedecer. Obedecer a lo que no se entiende, obedecer a lo que desborda y hacerlo en silencio, bajo la autoridad de lo que no habla con nosotros, y solo lo hace, suponemos, consigo mismo, ya sea poder, ya sean cifras.

Quizá tuvieran razón los eleatas y otros como ellos, y lo único concebible o digno de concebir sea la unidad, el Uno. El uno que genera todos los números, la unidad a la que intentan regresar todas las cosas que, en apariencia, son distintas. El uno (*éis*) es el ser (*eínai*) y lo que eres (*eí*). En la realidad verdadera, en la verdad real, solo existe el Uno. Y somos un uno que va de acá para allá. Con suerte.

Un uno es el conductor de autobús que pasa por mi calle a las once y media de la noche en dirección norte. Una luciérnaga vestida de fiesta en la soledad oscura. La luz amarilla del interior produce calidez, como la de algunos cuadros de Hopper, que captan perfectamente el recogimiento y amparo de un bar *after hours* en medio de la gran ciudad. La gran ciudad por la noche, repleta de edificios, de viviendas, de lugares de refugio y que, sin embargo, expulsa a los que no tienen dónde ir o no quieren ir adonde podrían. Las grandes ventanillas dejando esa luz en el asfalto como una huella que se aleja, tal vez como un rastro para buscar un tesoro o para encontrar el camino a casa. Más bien lo último. El conductor del autobús piensa en su casa.

Una pincelada en el centro óptico de un cuadro: la banda azul brillante de la máquina de validar billetes. Es como un ojo, como un origen, parece que el resto de los colores —también está el blanco de los neones, el gris de los asientos, sus gradaciones— saliera de él, de un gran seno azul del que solo vislumbramos la estrecha abertura por la que se produce el parto.

En el autobús no hay pasajeros; pasajeros, cero. El uno del conductor dando la espalda al vacío, a la nada. Ya que estamos en ello, los griegos no operaban con el cero, no creían en él. El mundo estaba lleno de cosas, no de ceros. En cambio, nuestra época ha sacado un gran partido a esa combinación binaria entre lo que es todo (1) y lo que es nada (0).

¿Será consciente el conductor de la cantidad de ausencia que se acumula tras él? Cada asiento es alguien que no está. Y su memoria le dice que cada asiento es alguien que estuvo, más los que iban de pie, en el pasillo, en la zona para discapacitados y cochecitos de bebé. Lo más probable es que no recuerde a nadie en particular, excepto a los más frecuentes y regulares, pero eso aumenta las ausencias, porque cualquiera pudo haber estado en ese autobús y ahora no está. Se han ido y le han dejado solo. A la espalda no hay soledad, sino innumerables soledades.

¿Ha ido más deprisa en el último tramo porque quiere escapar de esa sensación de soledad innumerable y llegar cuanto antes a casa, al abrazo de los suyos, adonde sus sentimientos y sensaciones estarán delante? Eso es el amor, al fin y al cabo, que las cosas estén delante, que aligeren el peso del pasado, que es lo que hay sentado detrás. Mirando hacia adelante, parece que nunca nos ha pasado nada. Es uno de los trucos del olvido e incluso del perdón. Parece que nunca nos pasará nada, porque siempre que nos pase algo, lo arreglaremos mirando hacia adelante.

Suponemos que alguien le espera. Puede que no sea así. ¿Y si llega a una casa donde no hay nadie? ¿Qué hará con toda la soledad que ha llevado a la espalda y con toda la soledad que ahora se le ha puesto delante? Porque ahora la una es también la otra, es más: la una se suma a la otra. Es uno de los problemas de echar cuentas, de ponerse uno acumulativo, que lo de detrás se pone a sumar con lo de delante en cuanto lo de delante empieza a dar problemas.

Quizá se diga al cruzar el umbral: «Aquí tendría que haber alguien, puesto que en el autobús no había nadie». Parece razonable; al fin y al cabo, una casa no es un autobús en tiempos de pandemia. Tienen que ser cosas distintas. A cualquiera que le preguntes, puede corroborarlo. Si no, para qué tener casa. Más valdría quedarse a cenar y a dormir en el autobús. Más barato, igual de alegre.

Podría pasar algo peor, y es que al llegar a casa, no estuviera alguien que debía estar y que no está porque se lo han llevado al hospital. Y ese alguien que falta, aunque además hubiera alguien, sería como si no hubiera nadie. Entonces, durante toda su jornada laboral habría sentido que no hubo nadie en su espalda y que no había nadie delante. No, no es al llegar a casa cuando siente que falta el que está en el hospital, sino durante todo el día, conduciendo el autobús solo, con el frío de las soledades en los asientos y con el frío del futuro que le da en la cara mucho antes de que regrese a casa.

De modo que hay muchos hombres distintos en ese conductor que ha pasado ya hace rato y que cualquiera confundiría con un conductor normal y corriente. Si es que existe tal espécimen, el del autobusero normal y corriente. Yo nunca he visto a ninguno, todos los que yo vi se distinguían claramente unos de otros.

Aunque bastaría que alguien dijera que el 41 por ciento de los conductores de autobús han sido infectados por el virus o han muerto 3.000 autobuseros, para que este autobusero desapareciera en el acto, tragado por las cifras de muertos e infectados. O se convirtiera en un conductor de autobús superviviente, igual que el resto de todos los conductores supervivientes que pasan por delante de casa a lo largo del día. Por ejemplo, podría decir: «Ese se ha librado». Y «ese» no sería nadie. «Ese» no me dejaría pensar en las soledades que hay que llevar a la espalda cuando se conduce un autobús vacío, en los abrazos que esperan más adelante cuando hay alguien en casa, en las soledades que se desdoblan y se persiguen cuando en cambio no hay nadie, en la soledad que llevas puesta en la cara como un viento cuando a quien tenía que esperarte se lo han llevado a un hospital, a una UCI o a una morgue. «Ese» ya sería uno de tantos, en realidad sería «tantos», nadie en particular. Normal y corriente para infectarse o morirse. Y no solo desaparecería en el conjunto de los empleados de la EMT que se infectaron o murieron, sino que desaparecería en el conjunto de todos los que se infectaron o murieron, da igual ya si conducen autobuses, ponen ladrillos, curan a los heridos, labran la tierra o son jubilados. Ya se va aproximando a ser un número, ya se ve quién se lo va a tragar, sin autobús, sin noche, sin pasar por esta calle, y sin nadie que le mire.

De modo que no hay más remedio, para verlo, que separarlo de cifras y cantidades. Y ver el uno que es. Verle pasando a esta hora, en esta noche, con el vehículo vacío, desde mi ventana. Eso me ha permitido imaginar, sentir, extraviarme en posibilidades sobre él, en posibilidades sobre las cosas y la vida. La condición es que sea uno. Un uno irreductible. No un individuo, ni un sujeto, ni un alma, ni un operario. Simplemente, uno. Todas las cosas del mundo están hechas de unos. Hay que mirarlos, y entonces sí que podremos saber lo que son 25.000 muertos. Son veinticinco mil veces cada uno, no veinticinco mil unos. Es como si tú y yo y todo lo que hemos amado y admirado muriese veinticinco mil veces, una detrás de otra, y nosotros estuviéramos allí cada vez para hacer el duelo, para llorar y seguir andando. Veinticinco mil veces cada uno, no veinticinco mil unos.

Pero las cifras fascinan. Todos los días se escrutan en el periódico, se comparan, aunque es sabido que dicen muy poco de la realidad, cuando no la dicen tergiversada, adulterada. Hay alegría cuando hay menos muertos o infectados, aunque la estadística o el registro sea dudoso, aunque no signifique nada o demasiado. Pero permiten operar, comparar, predecir, discutir. Sin perder el silencio esencial de lo que callan y de lo que hacen callar. Algo del poder llega hasta los individuos cuando los individuos hacen lo mismo que el poder, y se sienten capaces de evaluar, incluso de transmitir información, de situarse por encima del nivel del público. Por otra parte, es integrador, acerca a los otros. De qué se hablaría si no, dónde se encontraría el lugar común, la residencia donde se comparte lo de todos. Las cifras son una lengua franca que impulsa los trámites de aeropuerto, los proyectos de negocio, la globalización, la circulación general de seres y mercancías. (O sea, son virus. Habrá que pensar si el mundo construido por este tardocapitalismo del XXI o por esta era posindustrial no habrá sido un colosal sistema vírico, del que las pandemias son su metáfora biológica.)

Y ahora ya también tratan con la vida y la muerte. La deforman y reelaboran para el que quiera escucharlas, ofreciéndole una imagen silenciosa de lo que vive y de lo que muere, y regalando además la ilusión de poder sobre lo que es más fuerte, sobre lo que no atiende a números ni a razones.

cuando el número era el ritmo

Para el mundo pitagórico y por extensión para el mundo antiguo en general, el número era una propiedad de las cosas. No era algo que se relacionara con las cosas, ni que midiera las cosas, sino que las cosas llevaban dentro el número como llevaban átomos, fuego, agua o aire. No es que se hubiera inventado una lengua universal en la que el universo podía ser descrito o comprendido, sino que el universo, la naturaleza, llevaba en sí el número.

Si una cuerda de seda se tensaba dividiéndola en partes, los sonidos de sus intervalos eran iguales a los de cualquier otro material que guardara las mismas proporciones. El metal de una flauta, la goma del pelo, la tripa de un tambor o un peine envuelto en plástico están sujetos a las mismas leyes de la proporción y del sonido. Las diferencias materiales de la naturaleza eran diferencias en su apariencia, formales, de presentación a los sentidos, porque en su interior respondían a un principio del que emanaban: la geometría del número. Los números y sus proporciones forman figuras, representan ideas y finalmente esas figuras e ideas no son una representación del mundo, sino todo lo contrario, el mundo en sí. No son sombras, como advertiría Platón, sino la luz que engendra las sombras.

Aquí el poder de la aritmética (su *arché*) procedía del hecho de ser fuente de las manifestaciones visibles, de dar unidad a las diferencias sensibles. En resumen, de ser el Uno. Por eso las palabras que designan estas operaciones han cambiado tanto. Para el mundo en que vivimos el poder procede de lo que hacemos con las cosas, de cómo las medimos y cuantificamos. Para aquel otro mundo, el poder venía de dentro de las cosas: era cuestión de apreciarlo, de sentirlo, de hacerlo llegar hasta nosotros. Para eso estaba la aritmética, la geometría, la matemática, especies distintas y estrechamente vinculadas que significaban otra cosa.

La palabra *aritmética* proviene del griego *arithmós*, sencillamente número, con la raíz indoeuropea *–ar* que implica ajuste, como en armonía (*harmonía*). En Platón el ajuste se produce entre las clases de alma que residen en la República (*politeía*): de ahí que pueda hablar de la justicia como de una armonía. Ni más ni menos eso es la justicia, una armonía entre partes, un ajuste. ¿Qué es lo que ajusta entonces el número, qué partes? Todo lo existente. Al ser una propiedad de la naturaleza y de los objetos que la componen, los números provocan proporciones, equivalencias, tendencias allí donde las apariencias difieren y, a veces, difieren mucho.

El individuo mortal es muy diferente del firmamento estrellado, entre otras razones, porque al individuo mortal el firmamento estrellado le parece que durará siempre y que eso no va a pasarle a él. Es además la residencia de los dioses o de las representaciones de los dioses y, para muchas culturas, un lugar místico o metafísico. La astrología, la ciencia más antigua que conocemos, tenía por misión que los hombres levantaran la cabeza al cielo, más que proporcionar horóscopos o pronósticos. «Levanta la vista al cielo», es la recomendación ética y filosófica de Ptolomeo. Pero aunque el individuo y los objetos del cosmos son muy diferentes, están unidos. ¿Qué les une? Aquello de lo que están hechos, proporciones, geometría, número. Hasta cierto punto, el individuo mortal y el firmamento solo difieren en la magnitud. Comparten lo demás: un microcosmos y un macrocosmos, partes de un mismo cosmos.

¿Acaso no sienten la misma música? Una música especial, que llega a los oídos porque la origina el movimiento de las esferas celestes y es de hecho la prueba de que esas esferas están en armonía. También en armonía con nuestros oídos, puesto que podemos escucharla. En el silencio absoluto de la naturaleza, pero también de la mente humana y del cuerpo, en la profundidad meditativa de la mente y del alma, se escucha un silbido tan tenue que parece producido por los sentidos del cuerpo, por las alucinaciones del cuerpo. Si uno se esfuerza y sabe qué es, puede escucharlo materialmente saliendo de la flauta llamada *sýrinx*. Los ejes del carro de Parménides precipitándose al Hades emiten ese sonido. Hermes, para adormecer los cien ojos de Argos, también utiliza la *sýrinx*. Cuando la muerte se acerque, escucharemos la *sýrinx*, la señal que nos indica el paso a otra dimensión. Es un sonido de unión entre lo que solo en apariencia es diferente, un ajuste, una armonía que es música. Los mortales y lo inmortal, la vida y la muerte, la ignorancia y el conocimiento verdadero se encuentran en algún punto en el que todo está separado y unido, una música, una proporción entre números, una justicia del cosmos.

El número es también la estructura del canto y de la música, que en griego es todo lo que viene de las Musas (*musiké*). Es fácil deducir por qué nos invade, sobrecoge, transporta, altera la percepción del entorno. Un viaje al corazón unido de todo lo que hay. Hasta lo más hondo del cosmos. Juntos. En armonía, igualados por el sentimiento y despegados de la mortalidad.

Por esa razón, el término *arithmós* resuena en *rhythmós* (ritmo, la diferencia es una vocal y una aspiración de espíritu fuerte). O viceversa. ¿Qué es el ritmo sino la correspondencia armónica entre objetos y seres, a veces juntos y a veces separados?

La actividad vital necesita ritmo y casi todo depende del ritmo, el trabajo, el amor. Hasta el pensamiento tiene que encontrar su ritmo para dar con las imágenes adecuadas (ajustadas), la palabra justa (armónica). Para pensar hay que encontrar primero el ritmo. Los narradores lo llaman encontrar la voz, pero la voz no es una voz que se escucha de esta u otra manera, sino que es un ritmo, un tipo de sucesión, unos hiatos y silencios entre las porciones, una cadencia entre lo fuerte y lo débil, lo húmedo y lo seco, lo dulce y lo amargo. Si los narradores y los pensadores no encuentran antes el ritmo, entonces no tienen nada que pensar. Claro que hay un objeto —visible o invisible, con espacio o sin espacio— que quiere ser iluminado por el ritmo para pasar a convertirse en idea o relato. En ocasiones él mismo lo provoca, pero en otras hay que rodearlo y darle muchas vueltas antes de que la música empiece a sonar dentro del pensador o del artista.

Cualquier texto, de la índole que sea, puede ser juzgado con arreglo al ritmo y es la única forma legítima de que se le juzgue, por las armonías o desajustes que produce con el objeto. De hecho, no hay otra manera. Es húmedo o seco, carece de silencio o abusa de él, el tono es alto o demasiado alto, es caliente o frío. Ritmo.

Claro que hay otras formas de juzgar los textos, la de los números del poder: el número de ejemplares, la influencia del autor (a cuántos llega), la actualidad del tema (¿se ha pasado de fecha, se adelanta a su tiempo?), la capacidad para atraparnos (número de horas sin poder abandonarlo), si se entiende o no se entiende (como las cifras), si interesa a muchos o pocos, a cuántos idiomas ha sido traducido, cuántos premios tiene el autor... Cuantificaciones incansables, cerebros que se exprimen como limones sin que quede ni una gota de jugo.

El número político no tiene ritmo, es como un gran dedo señalando a la multitud la dirección en la que hay que mirar. Lo cierto es que los números no solo expresan cantidades, también son señales puestas en el camino que orientan la actividad o que la prescriben, advierten de la situación, fundan el contexto en el cual se desarrolla la vida. Para decirlo de una vez, son el Estado.

Imaginamos que el Estado es un conjunto de oficinas dedicadas a la administración general de un territorio. Gestionan y distribuyen los recursos, dictan las leyes y las normas, las imponen, juzgan los delitos, regulan los intercambios en general. Las oficinas son tan físicas como las personas que las ocupan. Si uno se acerca, puede ver rótulos en la entrada de despachos o salas, presididos por un gigantesco letrero en la puerta del edificio, que dice ministerio de algo o dirección general de algo. Cuando los funcionarios salen, no suelen llevarse puesto el rótulo o el letrero, al menos de forma perceptible.

Es decir, confundimos el Estado con un cierto tipo de inmueble habitado de una cierta manera y dedicado a tareas perceptibles. Sin embargo, eso es solo la manifestación física del Estado, que es otra cosa. Estado es por definición la forma en que estamos en el tiempo y en el espacio, la manera en que producimos, la conciencia que abarca nuestra situación. Esto es algo más que físico, es una estructura mental, una ley interna que rige nuestra relación con lo que nos rodea y con nosotros mismos. Es una administración de la conciencia más que de bienes y servicios, territorios o temporalidad. De hecho, el Estado-Inmueble también está sometido a este auténtico y menos visible Estado. A veces, como los propios individuos, ni siquiera tiene conciencia de él. No es raro que aparezcan entonces variantes del fenómeno totalitario, causadas por la imposibilidad de pensar que las cosas puedan ser de otra manera. ¿Un mundo sin familia, sin Dios, sin patriotas, sin tradición? ¿Un mundo sin sistema financiero, sin fronteras, sin progreso tecnológico, sin mercado global? ¿Un pensamiento que no cuantifique el espacio y el tiempo, el cuerpo, los conflictos sociales, las crisis, la economía?

El verdadero Estado se dedica a la administración de las cosas importantes y, ya de paso, a instalarlas como estructura de la conciencia y de la mente. Es decir, de lo que es posible percibir y aquello en lo que es posible pensar. Por ejemplo, la administración del tiempo. Organiza las fiestas en los calendarios, los días libres y de vacaciones, las fiestas. Cuánto tiempo han de permanecer los niños en las escuelas y los adultos en el trabajo. Cómo y cuánto debemos relacionarnos con el futuro sobre la base de previsiones. Y con el pasado, hasta dónde debe llegar la memoria histórica o qué es lo importante y crucial de esa memoria. A qué hora abren y cierran los establecimientos. Qué se hace por el día y que se hace por la noche. Tiempo bien empleado y tiempo mal empleado. Tiempo perdido y tiempo bien aprovechado. Tiempo de ocio y tiempo de negocio.

Y también organiza el conocimiento —qué debe saberse—, lo que se hace con el cuerpo —género, muerte, embarazo...—, la biografía y en general todo aquello que no se ve, pero que protagoniza pensamientos y actos. A veces, ni vemos ni sentimos que el Estado esté ahí. Se ha producido una transustanciación con el alma, con la energía de vida, con el espíritu de vida, con el único sentido que guía la existencia en este mundo. El Estado se ha convertido no en una experiencia, sino en la imagen que adopta la experiencia y que se graba. Podríamos mirar dentro a ver qué la mueve, a ver por qué nos mueve. Pero esa imagen es como la de un cine, brilla, pero solo a condición de que el resto permanezca oscuro; parece profunda pero no es más que una tela plana contra una pared.

El Estado es la conciencia del poder impuesto asumida como propia. Un mandato interno que se siente como natural, como engendrado por la realidad y la experiencia. Como amarás a tu padre y a tu madre o como no matarás. Su símil es la perspectiva. Muchos creen que ven a través de paralelas que se juntan en el infinito, que al fondo hay un punto de fuga y que los edificios de la calle disminuyen geométrica y regularmente. Que es una función natural del ojo, cuando es de hecho una convención de la representación artística de cierta época, ni siquiera de todas. Cuando alguien tiene muy interiorizada la representación es difícil deshacer la convicción. Los que tienen muy interiorizado el Estado es casi imposible que puedan verlo desde fuera, que puedan ver, por ejemplo, que su mayor esfuerzo lo dedica a la cuantificación de las cosas, de la que después emana un orden. Un orden público que cuantifica el tiempo, el espacio, el conocimiento, la sanidad, el cuerpo. Los administradores en sus edificios, desde un secretario o un contable a un presidente del Gobierno, pasando por un jefe de negociado o un director general, son solo instrumentos gestores, simples prótesis de la idea, servomecanismos.

Así se entiende, por la transmisión de una conciencia más que por la necesidad de una función, que la aritmética no tenga ya nada que ver con el ritmo. O que la matemática se haya convertido en una disciplina exacta, académica, y haya perdido su acepción de arte del conocimiento, de saber por el saber (*máthema*). Y de ese modo confundimos al erudito (*polymathés*) con el sabio (*sofós*), mientras los filósofos opositan para funcionarios.

No hay sitio para la sutileza en el Estado cuantificador. La consecuencia es que los muertos son juzgados en el reino de las cantidades, el tiempo se retuerce al chocar contra ejes de abscisas y ordenadas, el pensamiento aporta operaciones algebraicas de persuasión, los vivos no son más que dígitos esperando su lugar en alguna cifra para saber quiénes son.

Habría que sospechar además que las categorías del pensamiento que utilizamos para tener un *pensamiento propio*, como tiempo, espacio, cuerpo, razón, economía y, por supuesto, Estado, forman asimismo parte del Estado en la medida en que, curiosamente, son campos regulados por el Estado en su dimensión de orden público. Nuestras categorías para hablar de cualquier tema, desde la pasión a la vida cotidiana, pasando por el relato de nuestra experiencia, acuden con demasiada frecuencia a los conceptos sobre los que interviene el orden público. Se dirá: es lógico, se hace para discutirlos. Pero ¿se puede discutir algo cuando ya se han aceptado sus categorías? ¿Por qué tengo que pensar que vivo en Madrid como si fuera un espacio, cuando ese espacio es tan distinto para cada uno que vive en él, para cada experiencia que se tiene a través de él? ¿Por qué tengo que estar viviendo en el presente cuando lo que vivo ahora está cuajado de infinidad de tiempos que fluyen y refluyen en mi cabeza? ¿Por qué cuando se celebra una reunión los participantes actúan como si todos estuvieran en ella y no como si cada uno anduviese en sus Batuecas, en sus cruces de caminos, en sus ensoñaciones? ¿Veinticinco mil muertos son como la cifra 25.000, debería hablarme la cifra en vez de que me hablen los muertos, sentirla y no sentirles a ellos?

cuando los números cantan

Algunas veces no quedará más remedio que creer que Madrid es Madrid, que el presente es lo que hay delante de las narices, que las reuniones son gente que está allí reunida y que los muertos hay que contarlos. No cabe duda de que algunas veces las cosas tienen que ser así. No muchas, mejor de tarde en tarde. Cuando hay que redactar una instancia o un currículum, por ejemplo. O cuando tratas de entenderte con un guardia de tráfico que acaba de pararte. El problema es cuando no puede ser de otra manera, a nadie se le ocurre que puede ser de otra manera y, en consecuencia, que no puede y que no debe ser de otra manera. No debe. Y el deber nos rodea; luego, nos asalta y por último se instala.

El poeta Kepa Murua cuenta desde la cola de una oficina de empleo: «Somos solitarios desechos. / Números de una cola que se desangra / hasta que se abre la puerta. / Los más experimentados saben dónde ubicarse. / Si fueran a fusilarnos / nadie se daría cuenta (...) Soy un hombre todavía joven y lo hago, grito, / me llamo Kepa Murua y soy poeta».

Poco a poco, el número fagocita el nombre. Un nombre metido en un número vuelve transparente a la persona, pero no se trata de sentimientos ni de la guerra ingenua y romántica contra la cifra. Es que la persona, en un medio donde el nombre es sustituido o desvalorizado, se va sintiendo número y en esa medida, nunca mejor dicho, deja de tener presencia, de confiar en sí misma y prefiere disolverse en la pasividad de la masa numérica. Es un proceso insensible, pero incesante. En una oficina de empleo, o de la Seguridad Social o del banco se acepta que los números son más eficaces para el funcionamiento administrativo que los nombres. Estamos convencidos de ello. Pero es falso. Se me ocurren una docena de sistemas para que te llamen por el nombre sin necesidad de hacer una revolución gestora. Es intencionado, aunque la intención no sea explícita.

De lo que se trata en el Estado es de aceptar el número, no muy significativo, la verdad, pero que hace callar. O quizá signifique algo más. Signifique que tú, uno, eres igual a cero. Que el uno ha desaparecido de los números naturales y ahora hay un cero, un cero después del cero. Y a continuación de los dos ceros, el 2, una cifra que ya empieza a decir algo. Con la que ya se pueden echar cuentas. Contar algo.

Lo curioso es que en la poesía también hay número. Incluso en la poesía más rabiosamente contemporánea. El número del ritmo. A veces es un ritmo blanco como el de la música blanca, que se escucha allí donde hubiera podido aparecer un sonido, que ha decidido esconderse de pronto y aun así domina, en lo profundo de las notas o de las palabras. A veces, es una cesura que, bien leída, es el poema entero. Otras es una expectativa a la que se da una alternativa inesperada. El ritmo mide los silencios, lo que podría escucharse y no se escucha, las interrupciones en el flujo. El poema de Kepa Murua tiene ritmo, tiene su aritmética, que es una aritmética sensible. A la palabra sensible se le puede añadir un número sensible. Y así se hacen canto.

Está bien que este número se enfrente a los números de la oficina de empleo, que los rete. Que alguien pueda decir me llamo Kepa Murua y soy poeta y no soy un número, y decirlo con número. El mayor enemigo de la palabra literal es la palabra sensible, el mayor enemigo del número cuantificador es el número del ritmo.

Antiguamente, este número era importante, llenaba el ágora, viajaba por el orbe atrayendo muchedumbres, presidía los salones con triclinios y simposiarcas, se memorizaba para los momentos de dolor y para los de solaz, para las fiestas consagradas, para educar a los niños. Las grandes narraciones que pasaban de generación en generación lo contenían y lo dispensaban públicamente. Los dioses que gobernaban el universo, los mitos que fundaron las ciudades, los héroes que reclamaban la inmortalidad eran contados con este número. Y gracias a este número se habían dado a conocer. Hesíodo, Homero...

Ahora bien, la naturaleza de este número es íntima, desafía a la lengua dominante, es como el pensamiento del corazón, intuitivo, pero firme. Es en el fondo una invención del corazón y es pariente de la *epodé*, del *noeín*. Su esplendor lo alcanzó con unidades que contenían tres medidas. Cuando estas unidades, a las que pusieron el nombre de *pies*, se reunían en número de seis, las llamaron hexámetros. Los pies se componían de sílabas de distinta duración, unas largas y otras breves.

La duración también es una medida, no solo el número es medida. Hay muchas formas de enfrentarse a la magnitud. Lo que pasa es que no todas se hacen con metro y báscula. Durar en el aire, en la voz, en la sílaba es algo no tan fácil de medir como sólidos enteros. ¿Cuánto dura una sílaba larga? ¿Alguien cree que los chinos o los punyabíes conversan o se insultan con un cronómetro en la mano?

El griego también era una lengua tonal, de cuyo sonido no tenemos idea o podemos hacernos la que queramos. La duración marcaba el significado o el sentido. Quizá a las lenguas romances les quede algún resto en la entonación interrogativa. No estoy muy seguro. En español tenemos acentos de intensidad, pero no tienen que ver con la duración, a pesar de las intentonas de Rubén Darío («ínclitas razas ubérrimas, etc.»). El acento es más una intensidad que una duración (que sería una *extensidad*). El griego, por supuesto, también tenía acentos de intensidad.

El caso es que había muchas clases de versos según la duración de las sílabas. Si tenían pies con una sílaba larga y dos cortas los llamaban dactílicos (como la articulación de los dedos de la mano). Una larga y una corta formaban el troqueo. Y a la inversa, el yámbico. Así todo el rato.

Ahora bien, el resultado de tanta medida no era un soniquete. Más bien era una melodía ambivalente, cuando no contradictoria, en la que se mezclaba el acento de intensidad con la duración estrictamente calculada de la sílaba, de tal modo que un acento podía coincidir con una sílaba breve y encontrar dentro del mismo pie dos fuerzas contrapuestas, casi dos voces, en las que la intensidad luchaba con la extensidad (como en esas canciones donde la altura de la nota no coincide con el acento de la palabra).

El efecto es el de tener que escuchar en dos niveles al mismo tiempo. El del significado de la palabra, cuyo acento no puede alterarse, y la duración de sus sílabas que cantan su propia melodía. Es decir, el significado no lo es todo, hay otra lengua que debe ser escuchada al mismo tiempo y que está en el terreno de la tonalidad, de la pura duración que la llena de cantidad y de extensión dentro del verso. ¿Y qué es más fuerte para el que escucha, la intensidad sonora o la duración sonora?

Estos juegos de voces ya los conocemos. Estaban en el monumental teatro de Epidauro. ¿Hablábamos nosotros o nos hablaban? ¿Las palabras que recitábamos en la *skené* o en la *orchestra* eran el significado y lo que llegaba después era el sentido? ¿Nos dirigíamos a nuestra alma o era nuestra alma la que se dirigía a nosotros? Fuerzas que se encuentran, todas con su dimensión, todas dispuestas a no ser vencidas.

El resultado, para un griego, es siempre el mismo: la realidad existe como mínimo en plano y contraplano, conjugación que exige facultades no corrientes. Está lo visible y lo invisible, lo que tiene espacio y lo que no tiene espacio, lo que pesa y lo que dura, lo que cuenta y lo que canta. Y se da todo junto. Cada cual debe apañárselas con la materia deslenguada que habla y entra por sus oídos. No hay reglas de interpretación, no hay manuales ni tutoriales.

La palabra y el número sensibles no eran simplemente poesía, creación humana. Eran la lengua en la que se manifestaban los dioses, protegida e inspirada por las Musas. Las conocemos detalladamente desde Hesíodo, mientras Homero habla de «la Musa» y alguna vez menciona que eran nueve, sin entrar en el particular. Pero ninguna de ellas deja, fuera de otras inclinaciones, de asociar la palabra y el número, ya sea en la épica (Calíope, la mayor), en la epopeya (Clío), en la poesía amorosa (Erató), en la tragedia (Melpómene), en el canto sagrado (Polimnia), en la lírica bucólica (Talía), en la poesía coral (Terpsícore) o en la poesía didáctica (Urania). Solo una, Euterpe, parece algo despegada, en su dedicación a la flauta. Pero con saber que la música se basaba en elementos vocales y que acompañaba a la palabra en el teatro (la instrumental a secas es tardía), en los coros y en el canto en general, basta para conectarla con el universo preferentemente lingüístico de las hermanas.

No aparece aquí la imagen plástica, ni la música instrumental ni ningún arte que no esté asociado a la palabra. Y a una palabra muy especial, a la que siempre va asociada al número, la que es ritmo. En conclusión, lo que los griegos llaman música (*musiké*) es solo lo relativo a tareas cuya clave es la palabra. Cuando el Sócrates platónico afirma que la mayor y más alta música es la filosofía, hay que entenderle dentro de este contexto. Pero también sabemos que para filosofar, para escribir ensayo y para pensar con palabras no se puede hacer de cualquier manera ni con cualquier palabra. Hay que encontrar el ritmo, decíamos. Hay que encontrar el número. Hay que encontrar el canto.

La lengua de los dioses es, por tanto, la lengua en la que se canta, la lengua en la que se piensa, la lengua en la que se cuentan los mitos y las tragedias. Los héroes pretendían que sus hazañas fueran cantadas con ella, pues si era la lengua de los inmortales, inmortales serían también sus proezas e inmortal el recuerdo de los grandes hombres y mujeres que las protagonizaron. Sí, también las mujeres. El sustantivo *kléos* con el que se alude a la fama y la gloria que se alcanzan en la batalla y en la aventura es aplicable a la mujer y, de hecho, se le aplica a Penélope que, heroicamente, contra crueles adversarios, aguarda a que regrese Odiseo tras veinte años de distracción.

También los amores aspiran a ser inmortales. De hecho, la diferencia entre *éros* y *héros* en griego es una simple aspiración, una tilde en la grafía y una vocal larga. Al héroe le guía el amor, de él extrae la fuerza que necesita para la empresa. A menudo, bastante más que la fuerza: la guía, la inteligencia, la destreza, el sentido de lo que hace y de lo que seguirá haciendo. Jasón habría fracasado sin Medea. No habría habido Jasón. Ni habría habido Teseo sin Ariadna, y no digamos Odiseo, dependiente de un auténtico ejército de mujeres para encontrar el rumbo que ha perdido dentro y fuera de su cabeza.

Mucho antes de que el amor *udri* aparezca en el siglo VII en tierras beduinas como melancolía y sustituto del ardor guerrero, y luego sea exportado a toda la Edad Media cristiana, con fiebre creciente, los griegos ya habían emparejado el *éros* y el *héros*. Al héroe le empuja el amor. El amor necesita héroes. El héroe sin amor no existe, es una especie de monstruo que escala montañas inaccesibles y con su incomparable fuerza o con su incomparable habilidad mata enemigos sin motivo, para nada, para seguir siendo el que es. No se aprecia la diferencia con un psicópata. Un amor que no implique obstáculos, adversidad, despliegue de energía para someter la vida a los designios del corazón, es un matrimonio de conveniencia, pena pusilánime de ver la televisión sin compañía. Hasta Hollywood lo sabe.

En consecuencia, al amor se le canta como al héroe. El amor espera las mismas palabras y el mismo ritmo que el héroe. Ni a uno ni a otro se les puede interpelar, evocar, con simples cifras o con simples palabras. De Aquiles no se puede decir que fue un soldado mirmidón bastante bestia que se enfureció cuando le quitaron a una esclava y luego se enfureció más cuando mataron a su íntimo amigo Patroclo. Y que debió mandar al otro mundo a lo largo de su carrera militar a unos 700 u 800, dependiendo de las fuentes. Ni tampoco puede uno mostrar su amor diciendo que es tan grande como una bodega de La Rioja o 150 campos de fútbol.

De hecho, ambos dependen íntimamente de las palabras. Si el héroe homérico no supiera que los hexámetros pueden hacerle inmortal, preferiría volver a casa y ver el mar bajo la parra de su patio encalado. Y en cuanto al amor, si no se dice con las palabras que le pertenecen, y que cada vez son distintas y las mismas de siempre, es que no está. Hay que tener mucho cuidado con ellas, pues se miran con lupa y hasta con microscopio, se les buscan las costuras, los pliegues, el doblez. Para el amor hay que tener oído, para decirlo y para escucharlo.

El amor. Los héroes. No son temas de grandilocuencia homérica, formas de estimular la imaginación primitiva o de los niños, exageraciones narrativas, hipérboles de esta triste vida nuestra. Porque a fuer de sinceros, casi todos buscan un amor, alguien que acompañe en el paseo por esta tierra mortal, que le diga que merece la pena existir, que el miedo es para los que no aman, que ya nunca estará demasiado solo. Quien rechaza el amor, el amor grande, el más grande que jamás haya existido, es porque antes le han partido el corazón o porque tiene miedo. Por el otro lado, casi todo el mundo quiere ser héroe para alguien: los amantes para los amados, los padres para los hijos, los soldados para su escuadrilla. Seres de una pieza que desprecian la arrogancia de la muerte, impasibles ante la tempestad como experimentados capitanes de barco. ¿Quién ha dicho que pasó el tiempo de los héroes y del amor? Cada día encontramos ejemplos inauditos de lo uno y de lo otro y de ambos juntos.

Nos daríamos cuenta de que aún estaríamos en versos de Homero si no fuera porque únicamente nos preocupa ingresar en alguna de las cifras, saber quiénes somos o si vamos a ser alguien en la boca del funcionario que pronuncia los números, tantos de esto y tantos de lo otro, tantos con esto y tantos con lo otro. Ser alguien en el número. Es la costumbre y nos hemos acostumbrado. Cuando todo acabe, ¿quién seré yo? ¿Alguno de los cientos de miles de infectados? ¿Alguno de las decenas de miles de muertos? ¿Alguno de las decenas de millones —esperemos— que ni lo uno ni lo otro? ¿Alguno de los millones que ingresarán en el paro? ¿Alguno de los miles que recurrirán a las urgencias psiquiátricas? ¿Alguno de las decenas de miles que perderán su casa o que se preguntarán hasta dónde llega el amor a la familia? ¿Alguno de los miles o decenas de miles o millones o decenas de millones que han perdido tantos seres amados o tanta fe en la existencia que no les importaría estar ya muertos?

Son las cifras del miedo. Sitúan las franjas del temor, se escuchan para saber a cuánto miedo tenemos derecho, cuánto miedo me toca por la cartilla de la Seguridad Social, qué nivel hemos alcanzado, sobrepasado, se acerca; 25.000 muertos: tanto miedo. Llegaremos a 100.000, suma miedo. No pasaremos de 30.000, resta. ¿Tengo que tener miedo? No lo sé. Las cifras me orientan. Para saberlo por mi cuenta tendría que ponerme a pensar sobre mi miedo, a qué, por qué, de dónde viene, cuántas cosas hay metidas en mi miedo. ¿Es que pensaba que nunca iba a morir? Entonces, ¿en qué pensaba? ¿Es que no hay muertes peores? ¿Me asusta morir o me asusta el dolor que dejo? Demasiadas preguntas, ninguna de ellas fácil, y nadie tiene tanto tiempo para responderlas con el rigor que merecen. De momento, me conformo con las cifras del funcionario. La curva se aplana, vamos bien. Cae el porcentaje de infectados, sí que vamos bien. Menos muertos que ayer, espléndido. Repuntan un 2 por ciento los contagios, las muertes, me cago.

Con las cifras además es sencillo mentir. Basta cambiar un dígito por otro, sustituir el marco de referencia, darlas con mayor o menor agregación, medir unas cosas en vez de otras, etc. Con las palabras —claro que a condición de que uno sepa escucharlas, de que el oído esté atento, de que haya sido instruido, de que se distingan unas de otras— es más difícil, casi imposible. Pero si al oír palabras se tiene la impresión de escuchar cifras, entonces el asunto cambia, es fácil. Lenguaje literal. Te engañan como a un niño. Lo que pasa es que a los niños es muy difícil engañarles con palabras, como sabe cualquiera con un poco de experiencia. Hay muchas cosas en las palabras dichas y escritas que pueden ser escuchadas, a las que puede prestarse atención: el tono, la música, el campo semántico, el aliento, el tópico, la pasión y, por supuesto, el ritmo. Todas estas cosas deben estar en el corazón para hablar o escuchar. De lo contrario, decimos números, o los cantamos como en la lotería de Navidad, que viene a resultar lo mismo.

A los griegos no les importaba la mentira ni la contradicción. Podrías mentir o contradecirte todo lo que quisieras, porque las que no mentían ni se contradecían eran las palabras. Si lo hacían, eran tan fáciles de detectar como las de un vendedor de coches de segunda mano o las de un político (allí donde se distinguen). A menudo, la contradicción, la incoherencia y los saltos de sentido no solamente no eran rechazados, sino que eran muy apreciados. Sócrates, cuando se aburre de su tema, salta a un mito o deja en suspenso la pregunta y hace como si nunca hubiera estado allí. O dice que ha terminado sin terminar, o empieza hablando de una cosa y acaba hablando de otra. Era divertido. Ayudaba a pensar. Música.

Odiseo no para de contar mentiras sobre las penalidades desde la partida de Troya a cualquiera que le pregunta, y eso incluye a amigos y parientes. Sin embargo, si uno las lee con una mínima atención, todas ellas narran la verdadera historia de Odiseo, la del hombre perdido y que lo ha perdido todo perseguido por los dioses, la de un linaje aristocrático que batalló en guerras, la de un hombre que aspira a volver a ser el que fue. Decíamos que cuenta mentiras. Ni una. Cuenta la pura verdad. ¿Qué más da que cambien los nombres de los protagonistas, de los países o de las desgracias? Todos le creen. Cómo no, seguramente se cuenta mejor la verdad dejando que la imaginación la cuente, y no que la cuente un pretendido rigor que se atiene a los hechos, pues esos hechos y rigor también proceden de la imaginación (de una imaginación más totalitaria).

De forma un poco paradójica, los griegos sentían aversión por la mentira literal. Por ese tipo de mentira que únicamente puede darse cuando las palabras se convierten en números: información. Si quieres mentir, échale por lo menos algo de imaginación o, mejor, échale toda la que haya. Pero mentir a cara descubierta, como un bellaco, jamás. Orontas, uno de los generales griegos a sueldo del persa Ciro para luchar contra su hermano Artajerjes, le traiciona. Ciro le descubre, le interroga y el general confiesa sin titubeos. El persa le pregunta a continuación si, en caso de que le perdone, le seguirá traicionando. El griego contesta, con la vida en juego, que diga lo que diga el otro nunca le creerá, así que más valdría no marearse con el tema. Orontas es condenado a muerte. En el pasaje de la *Anábasis* de Jenofonte en el que se cuenta este episodio, es perceptible la sorpresa de Ciro al encontrarse con un hombre que no duda en confesar su traición, que se resiste a mentir y que desprecia la mentira. Como si la traición deshonrase menos que la mentira. Para Orontas traicionar es algo que tiene que ver con los intereses de cada cual, y nunca se sabe por qué camino van a llevarte; pero mentir es diferente, porque afecta al alma y al carácter. Si traiciono, seguiré siendo Orontas, pero si miento, nunca volveré a serlo.

Insistamos, es fácil mentir con los números y más difícil con las palabras. Sin embargo, las palabras que se unen al número (música) son semillas, buscan luz y cuerpos en los que hacer brotar el enramado del sentido. La simple cifra dice poco y hace callar. Luego, con una orden sorda, separa. Ya ha sido dicho todo. Cada uno a su casa, nada de tertulias. Conversación sobre qué. Por teléfono o con el presentador del telediario se puede comentar brevemente la incertidumbre, vale. Si el clima ayudará. Quién ganará la carrera de las vacunas. Que el tono sea tranquilo, no lo olvides, pues las palabras no nos sacarán de la ignorancia, ni hay algo esperando ser descubierto, un tesoro bajo capas sedimentarias de silencio o de ruido. Y si la emoción te puede, más que nada por debilidad de estar tanto tiempo de pie y creerte erguido, vale alguna lágrima furtiva, aplaudir a la hora convenida y en la cocina abrazarte a los tuyos sin aspavientos.

Desde que comenzó la reclusión suelo ver a uno de los vecinos del piso de debajo sacar a pasear a un perro mil razas al que mi perra odia, siendo correspondida. Tengo la impresión de que la ojeriza de los perros se ha extendido a los dueños. Nos caemos mal, dentro de la apatía con que acostumbra a darse el desprecio mutuo y repartido con equidad. El caso es que el vecino que saca a pasear al chucho enemigo de mi perra lo hace solo y antes lo hacía con su padre. Es un muchacho de unos treinta, con aspecto inocente y airado al mismo tiempo, quizá un poco tardo, con mirada bobalicona a la que trata de dar algo de carácter con ese gesto enfadado. Me he fijado en él, además de por la ausencia del padre, porque ahora saca al perro cerca de la medianoche, como a escondidas, cuando antes la última salida era con el ocaso o con la primera oscuridad.

Cierta noche, yo había salido como siempre al ventanal y me estaba dejando llevar por pensamientos absurdos, algo cuyo consuelo recomiendo. Había descubierto que cuando me sentaba en el respaldo izquierdo del sofá mirando hacia la derecha pasaban unas cosas por la mente y cuando me sentaba en el respaldo derecho mirando hacia la izquierda, sucedían otras. Notaba además que, en esas posiciones opuestas, cambiaba la temperatura de la atención y del ánimo, no en grados, sino en cualidades, si bien esto no sé explicarlo muy bien. Es como si hubiera grados blancos y grados negros, o como en los textos, fríos y calientes, húmedos y secos.

Cuando el muchacho apareció delante del portal, yo presentía que estaba a punto de culminar mis reflexiones con alguna iluminación, si bien las sombras eran todavía dominantes. Me miró con un gesto entre asombrado y asustado, ojos como huevos de Pascua, que me pareció raro, acostumbrado como debía de estar a verme allí. El caso es que salió pitando con el can. Por un instante se me ocurrió que quizá no fuera tan normal encontrarse a un tipo en un ventanal todos los días a medianoche, escrutando en la oscuridad con sus ojos de búho y su nariz aguileña (aunque perfecta). Tal vez unos días o una semana pudiesen considerarse una forma de expansión. A partir de las cuatro, cinco o seis semanas, quizá el diagnóstico fuera más inquietante y perteneciese a una especialidad clínica.

Desapareció de la vista y reflexioné lo siguiente acerca de mi obsesión absurda: cuando me ponía mirando hacia la izquierda las imágenes que me llegaban eran las de la abundancia representada por comercios, restaurantes, tiendas, semáforos, escaparates, cabezas iluminadas en los salones...; y cuando me ponía mirando hacia la derecha las imágenes eran las de lo que faltaba, locales cerrados, una luna sobre un chapitel en sombras, la glorieta vacía. O sea, según la orientación, abundancia o carencia. Incluso la gente que andaba por la izquierda lo hacía de frente, la gente que lo hacía por la derecha lo hacía de espaldas. Aquello sugería muchas preguntas, quizá demasiadas como para alegrarme de haber encontrado un entretenimiento filosófico o psicológico con trazas de auténtica diversión: ¿objetivamente lo que se veía a derecha e izquierda mostraba esas diferencias? ¿Las diferencias eran percibidas según mi estado de ánimo? ¿Me sentaba a izquierda o a derecha según ese ánimo? ¿Tenía un ánimo para la izquierda y otro para la derecha? Y si elegía según el ánimo, ¿quería eso decir que lo había chequeado antes de sentarme en el respaldo izquierdo o derecho del sofá del ventanal o podía hacerlo intuitivamente? ¿Los hemisferios del cerebro tenían algo que ver con este asunto?

El muchacho estaba de regreso. Volvió a mirarme con aquel gesto. Esta vez pareció detenerse solo un segundo. Entonces se me ocurrió, en la apoteosis de la inspiración, que la mirada no era de asombro ni de temor, era de súplica. Una súplica difusa, quizá mezclada con el asombro y con el temor, quién sabe. Pero creía verla en el fondo de aquellos ojos como huevos, grises, cristalinos, con un reluz captado de un foco oculto. Entonces le pregunté, de forma algo impulsiva, acordándome del padre al que no veía desde hacía tiempo y usando la fórmula del farmacéutico:

—¿Estáis bien?

—Mi padre está en la UCI. Desde hace tres semanas —contestó enseguida—. Tiene la enfermedad del virus. Mi madre y yo también lo tuvimos, pero se pasó enseguida.

—Cuánto lo siento. ¿Qué os dicen los médicos?

—Que hay que esperar. No sabemos nada. No sabemos qué pensar. Está muy mal. Y no podemos verle.

—Ahora no, claro. Tendréis que esperar un poco. Seguro que se pondrá bien. Tu padre tiene aspecto fuerte.

—Solo tiene la edad de usted, no es viejo. Bueno, es viejo, pero no tan viejo como los que se mueren.

—Hay que tener fe. Estas cosas son lentas y se pasa mal. Lo siento, de veras. Debéis estar pasándolo mal. Cualquier cosa que necesitéis...

—Esto duele, sí... Y es lento, sí. ¿Sabe qué es lo lento?

—Dime.

—Lento es el dolor que tengo aquí —y se llevó la mano a la altura del corazón, pero hecha un puño.

Le miré, porque ya no se parecía al chaval que conocía. En realidad, sí le conocía y era el de siempre, solo que ahora estaba mirando dentro. Era una cifra vecinal, adversaria. Mirados por encima, todos somos un poco enemigos. Cuando su padre muriese pasaría a engrosar otra cifra. Aunque temía que ya no lo sería para mí, porque para mí iba a ser el padre de aquel chaval que había dicho que tenía un dolor lento a la altura del corazón.

Seguí dándole ánimo y esperanzas.

Cuando se fue, me dijo «gracias», y sonrió. Al sonreír, su cara me pareció tan desvalida que deseé que volviera a estar enfadado. Y entendí su gesto de todos los días. El desvalimiento es una máscara sin aceptación social, porque obliga a estar pendientes y en el extremo a cuidar. No hay tiempo para eso, ese tiempo es robado.

Los dolores son lentos, tan lentos que muchas veces no consiguen salir del cuerpo y viajar a otro lado. La lenta marcha del padre a través de la enfermedad. El dolor lento del hijo. No tenía que ver con la velocidad. Como las palabras y los grados húmedos y secos no tienen que ver con los grados y las palabras. Mejor dicho, tienen mucho que ver. Tienen todo que ver. Pero solo las Musas saben por qué.

Me duele lento, me duele a sorbos, me duele frío, me duele seco, me duele en la tierra que piso, en el alma de mis padres o de mis hijos, me duele en la sed que no se apaga, en el tiempo que me queda, en el sueño de los que vendrán detrás de mí, en las palabras que digo, me duele tanto que he aprendido a rezar, a escuchar, a irme, me duele y no me muero, porque el dolor me mantiene en pie, me duele la memoria y la prisa, me duele estar pensando en ti sin saber que estoy pensando en ti...

Un uno por ciento más de contagios, a día de hoy 212.917. Unos 2.127 más. En Madrid se calcula que en las residencias han muerto 6.700 ancianos. Entre Madrid y Cataluña arrastran la mitad de los infectados e ingresados en UCI. Esta semana, con los muertos, vamos en dientes de sierra, aunque ya dentro de una dinámica decreciente, vean el gráfico. El Gobierno empieza a plantearse una desescalada en cuatro fases: Fase 0, Fase 1, Fase 2 y Fase 3. (Para un griego la Fase 0 no existiría, de modo que: ¿son cuatro fases o tres?)

El muchacho del piso de abajo ha luchado por que su padre no desaparezca en las cifras, y por eso ha hablado conmigo, venciendo las reticencias. No le ha importado hablar con un loco peligroso que se cuelga de los ventanales en la madrugada. En la medida en que deje un testimonio que pueda ser compartido, sentirá a su padre vivo, aunque muera. Lo rescatará de la boca del funcionario y de los oídos de quienes le escuchan.

Los números no tienen memoria. Las palabras, sí. He ahí la otra gran diferencia. ¿También hay que arrebatar la memoria? No solo matan lo que era, lo que pudo ser, sino también lo que ha sido.

Se consolaba. Su padre existía, porque él había tenido palabras. Eso se nota. Y conjuraba y retaba al futuro: su padre viviría porque él había tenido palabras.

Quizá no lo supiera, puede pensarse. Todo lo contrario. Con ese equipaje llegamos ya a este mundo. Es nuestra herencia, Mediterráneo arriba o abajo. Claro que lo sabía. Porque lo sabía y todo lo que era y había sido en él lo sabía, se detuvo a charlar. Por eso abrió el alma de una forma inesperada, que probablemente le sorprendió incluso a él.

A lo mejor el chico era un poco tardo para los que le juzgábamos, pero su alma llena de almas o sus genes llenos de genes habían llegado hasta aquí, hasta esta noche y este ventanal desde su hogar en Kerameikós o en Esmirna. Tampoco ha dicho nadie que yo fuera el listo. Ya lo advirtieron Jesucristo y el Maestro Eckhart: los pobres de espíritu llevan ventaja en lo de llegar al Cielo.

«Solo tiene la edad de usted», dijo. Me pregunto dónde está mi miedo, sintiendo la muerte a la distancia de un piso. Y dónde estaba mi miedo antes, cuando empezó a propagarse que mi edad representaba un grupo de riesgo. La verdad es que no lo encuentro. Supongo que eso que llaman disonancia cognitiva me mantiene a salvo como a un superviviente: sé que voy a morir, pero no siento que vaya a morir; sé que podría enfermar, pero no siento que vaya a caer enfermo. Así que en mi mente (en mi mente) ni moriré ni enfermaré. Solo es algo que sé. No me afecta. Diagnosticados en el mundo: 3.643.572. Eso también lo sé. Y eso y no saber nada es exactamente lo mismo. Y no me afecta, cómo podría hacerlo.

Para el pensamiento matemático árabe el significado literal de *cifra* era *cero*. Sin el cero, no había matemática. Para el pensamiento místico sufí el cero era un «cero mágico», un «cero irreal», pero presuponía una verdad esencial: que cuando nos extinguiéramos, regresaríamos a la nada, donde se demostraría que antes de la nada también fuimos algo, un pensamiento de Dios, una imagen disolviéndose en el humo anterior a lo creado.

Como meditaba uno de los sabios, sería magnífico contemplar nuestra imagen antes de que fuera creada, ver cómo éramos en el pensamiento de Dios antes de que nos hiciera con sus manos. Y enfrentarnos a ella, hablar con ella, observar nuestro ser reflejado en la imagen que teníamos cuando aún no existíamos. Pero el sabio se arrepentía de sus deseos, porque esa intimidad con Dios sería blasfema.

Yo creo, en cambio, que la idea es consoladora. Vernos fuera del tiempo, fuera del cuerpo, fuera del miedo. En ese encuentro con lo que fuimos en la nada, la muerte sería banal, una circunstancia sin significado. A través del cero, la fuerza que nos empuja fuera del tiempo de la existencia. Así que esta era mi imagen antes de que Dios me creara. Cuando desaparezca, ya no estaré tan solo.

LA COMUNIDAD CONTRA EL MIEDO

Isidoro, uno de los farmacéuticos que trabaja con Edmundo, el dueño de la farmacia que se acerca a la ventana al final de la jornada, cumplió 50 años hace unos días. Edmundo vino a advertirlo la víspera y a ver si entre clientes y vecinos se le podía montar una felicitación coral, una especie de homenaje, pues le parecía a él que inaugurar una década tan crítica en la biografía del ser humano exigía una celebración memorable. Le dije que para Isidoro la fecha sería memorable de todas maneras y que veía difícil que pudiese olvidarla. No muy a menudo celebra uno el cumpleaños en una trinchera contra la peste.

Isidoro es uno de esos maduros indefinidos, chasis atlético, rostro jovial y saludable de comedor de *cornflakes* y al que uno no se imagina pecando contra la naturaleza, propia o ajena. Parece un universitario de campus americano envejecido por Photoshop y que acaba de cambiarse el peto de rugby por la bata blanca. O sea, alguien en principio fácil de festejar. Edmundo proponía que mi familia cogiera la batuta y movilizara de emoción a varias manzanas de edificios. Naturalmente, yo reculé. No tenía dotes ni generosidad —ya puestos a contarlo todo— para meterme en semejante verbena. Además de que los homenajes a la gente que se conoce a ojo de buen cubero son un género peligroso.

Pero, en fin, allí estaban también mi mujer y mis hijas —sobre todo, mi mujer—, para quienes la simple perspectiva de una fiesta, venga de donde venga y salga por donde salga, solo sería comparable a la excitación de Napoleón si le hubieran prometido enterrarlo en una pirámide de Egipto como a Ramsés II. El asunto es que son gente entusiasta, a la que la experiencia no afecta. Un gen de la madre.

Más que aceptar la batuta, se la arrancaron a Edmundo de las manos y, si se hubiera negado a dársela, allí mismo su alma habría partido para el Hades, dejando el cuerpo para «pasto de los pájaros y de los perros».

Se preparó todo para el día siguiente, en cuanto terminara el rito del aplauso de las ocho de la tarde. Llegado el momento de la cita, mis parientes cercanos sacaron dos altavoces al ventanal y el grupo Parchís comenzó a cantar *Cumpleaños feliz*, secundado por la vecindad en sus alféizares. Luego, vino un repertorio de versiones que iban desde coros infantiles a reggaetón, pasando por la Komische Oper de Berlín. Isidoro se emocionó inmediatamente y acabó saliendo a saludar a mitad de la calzada, como un torero al centro del ruedo, con las gafas protectoras empañadas y los labios temblorosos musitando gracias a los cuatro puntos cardinales. Los aplausos y los vítores arreciaron, cayó alguna flor de plástico. Luego, se acercó a nuestra ventana y no paró de lanzarnos besos y de repetir las gracias, ya íntimamente desbordado: «Nunca lo olvidaré, jamás en mi vida olvidaré este cumpleaños».

Me sorprendió un poco mi propia emoción. Aunque lo cierto es que las emociones siempre me pillan por sorpresa. Si las veo venir, tiendo a driblarlas o a pararlas. Supongo que tengo miedo a su capacidad de inundación y a mi escasa habilidad para mantenerme a flote. Los hay que nunca se enamoran, porque no aceptan esa clase de riesgo. Que criogenizan las vísceras en espera de los adelantos de la ciencia del futuro, cuando las pasiones y las emociones se hayan vuelto inocuas o se haya descubierto un tratamiento eficaz y relámpago. En este campo me mueve la doctrina de Epicteto: si me toca, no lo rechazo, pero no voy a buscarlo. Claro que el estoico hablaba de uvas pasas y yo hablo de sentimientos que rebosan la copa.

Me hizo pensar un rato. El confinamiento nos volvía a todos más frágiles, más porosos. Emociones contradictorias, un cruce de nostalgia y melancolía en sus diversas variantes. Echamos de menos cosas a las que no podemos volver. Quizá en el fondo sabemos que no podremos volver nunca, de esa manera que conocíamos.

A veces, la nostalgia es una melancolía advenediza: quieres volver a un sitio en el que nunca has estado y que al mismo tiempo sientes perdido. Quizá no haya más nostalgia que esa, la de los lugares que nunca existieron, cuyo regreso está en la fantasía que nos hacemos de ellos y que sabemos que están perdidos de antemano. Algunas veces esos lugares son proporcionados por la experiencia de otros, son vicarios: los vemos en películas, en personas admirables, en los relatos de riesgo y poder, en las historias románticas. Pero no hay forma de desembarazarse del deseo de volver. Dolor (*álgos*), regreso (*nóstos*), esas dos palabras nunca se juntaron en la Antigüedad, el resultado de la combinación es una nomenclatura médica de finales del XVII. Para los antiguos, *nóstos* ya llevaba impreso el deseo, la ansiedad, la angustia.

Una parte de mí se conmovía por Isidoro, por él, y otra parte era seguramente la del héroe vicario: me ponía en su lugar, lo vivía y obtenía mi ración ilusoria de reconocimiento y recompensa. Los farmacéuticos no han logrado el estatus de héroes que con justicia se han llevado en esta crisis los que han luchado cuerpo a cuerpo con el enemigo, venciendo o muriendo en cada lance, a cara o cruz, o con el escudo o sobre el escudo, como exigían a los espartanos que iban a la guerra. Pero los farmacéuticos también se la han jugado. Una retaguardia, quizá. Pero en la retaguardia también se muere, mueren muchos. En Madrid han muerto muchos. ¿Cuántos? Muchos. No hace falta contarlos. Quienes estuvieron detrás de un mostrador sin tener aún la suficiente información ni la suficiente protección, se la jugaron. Han pasado miedo, han pensado en lo peor muchas horas y noches. Cuando se levantaban, cuando se iban a la cama, cuando entraban en contacto con sus familias, cuando atendían.

Ahora Isidoro percibe ese reconocimiento, vítores para su coraje, flores para la tumba en la que ha tenido que enterrar su miedo. Es su día y su público le acompaña. Su público..., apenas lo conoce, son clientes, vecinos a los que conoce de vista. Nunca han tenido más que intercambios profesionales o comerciales, consejos terapéuticos, venta de artículos, alguna ligera incursión personal dentro de las convenciones urbanas. De la mayoría lo ignora casi todo: trabajo, pensamiento político, deseos, dinero de que disponen, expectativas, melancolías... De todos modos, esto no impide que se emocione.

Pero hay una diferencia entre las emociones y los sentimientos. Las emociones son impulsivas, voraces, sacuden, no se controlan. Son realidades totales, como los sueños, en los que hay mucho que sentir y poco que hacer. Pasiones y por tanto pacientes, eso nos pasa y eso somos. Un zarandeo. Unas veces dan placer y otras dan dolor, aunque no es tan fácil distinguirlos a partir de cierto umbral.

Los sentimientos son otra cosa, los sentimientos hay que construirlos. No son movimientos incontrolados, espasmos de la sensibilidad, sino que exploran el sentido. El sentido en sus dos acepciones: el sentido del sentir y el sentido de la orientación. Sintiendo, manejan una brújula y trazan un camino. De ese sentir el sentido procede la palabra *sentimiento*, que nosotros manejamos con indiscriminación delatora junto a la palabra *emoción*.

¿Tal vez no los distinguimos? ¿Tal vez se ha producido una sustitución compensatoria? Vivimos en una cultura cargada de emociones. Si no las tiene, las compra. Vende emociones, es un gran almacén de excitaciones, de simulacros de delirio o directamente de delirios, de sorpresas, de acontecimientos extraordinarios e inesperados, de figuras subyugantes, de proyectos o experiencias fascinantes. De gaseosa en botellas de champán francés.

El sentimiento es una inclinación, la tendencia de los actos, la búsqueda que no termina. Se construye entre los otros, se aprende frecuentemente con dureza y reveses. El amor, por ejemplo. Hay que verlo para poder aprenderlo, da alegría y dolor, no se agota en su culminación y mucho menos en su satisfacción, se prolonga en la vida. Con amor nos acercamos a lo que no conocemos, a las experiencias, a las personas. El amor está disponible, porque es un sentimiento. Una estructura del ser. Si fuera una emoción, nos abandonaría tras un poco de agitación, iríamos picoteando de flor en flor hasta que nos consumiera el hastío o el cansancio, y entonces nos dedicaríamos a ampliar el patrimonio familiar o a obtener la distinción de empleado del mes. Un poco de compensación retributiva, por favor.

Los sentimientos se construyen en comunidad. Y se destruyen. El altruismo, el honor, el sacrificio, el valor, la solidaridad, la entrega, la empatía, la dignidad, la igualdad son sentimientos. El problema es si hay comunidad o no. El problema es si hay comunidad o hay sociedad. Porque no son lo mismo, no funcionan igual, no producen los mismos seres humanos.

Una comunidad está compuesta de un grupo de individuos que se conocen entre sí y que se someten a leyes comunes para relacionarse. Tanto lo uno como lo otro, el conocimiento y la ley, proceden de una unión en otro nivel, digamos, espiritual o metafísico, en el que se comparten los mitos, es decir, los relatos de origen y destino del grupo, de la naturaleza del hombre, de los antepasados, de las relaciones con el exterior, del lugar de los individuos en el seno de la asociación. Sin mitos compartidos no hay comunidad. Luego, el que quiera puede convertirse en Héctor o Aquiles, Helena o Casandra, pero toda posibilidad de compromiso con los demás pasa por disponer de mitos comunes. Y del mito, al rito. Y del rito, al reconocimiento de los propios y de los iguales. Y del reconocimiento, a la norma.

Un caso paradigmático es el del pueblo hebreo. Errante durante siglos, de diáspora en diáspora y de exilio en exilio, diseminado por países y continentes, su único territorio común fue el libro sagrado, la Torá, de la que emanaba la ley. En él estaba el compendio de lo que sabían acerca de sí mismos, de las relaciones adecuadas con Dios y con el pasado, el destino escrito, la composición del hombre, la adversidad de la vida, la dificultad de vivirla. Un judío puede haber nacido en Nowolipki o en Manhattan, pero la sustancia de su identidad no varía. Solo tiene que abrir el texto que inspiró Yahveh, Elohim, Adonai. Y en él está pisando el mismo suelo que pisan y han pisado los suyos, sobre sus mismas huellas.

Sin mitos compartidos no hay comunidad. La sociedad, tal como podríamos denominar a las formas de organización que surgieron a partir del siglo XVII europeo, se definen de otra forma. Los individuos no se reconocen en los mitos, las relaciones son básicamente utilitarias y las define el interés, el lugar social es inestable y móvil, la norma emana del poder detentado. Todo es otra cosa: la concepción del tiempo, de la persona, del mundo, la manera de interpretar los acontecimientos, la comunicación, los objetos de atención. Se resumen en un principio: ajenidad. O para decirlo en términos corrientes y de rabiosa actualidad: distanciamiento social. Nos une lo mismo que nos separa: los intereses contrapuestos.

El nacimiento de la novela explica ese momento. Surge para dar a conocer un mundo complicado y a veces inextricable a un público que necesita saber dónde se mueve, qué está pasando, explorar sus posibilidades. Si la comunidad era lo cognoscible, la sociedad es lo incognoscible. El autor escribe por iniciativa personal, porque se siente impelido a ello, por su cuenta y riesgo —casi siempre más riesgo que cuenta—, dirigiéndose, efectivamente, al público, no a conciudadanos, ni a una comunidad, es decir, a desconocidos. Lo que narra, asimismo, es desconocido. No apela a la tradición, ni a la leyenda, ni a preocupaciones comunes. Más bien, retuerce hasta la última gota de sentido las tradiciones y las leyendas —como don Quijote con las historias de caballería—, así como las preocupaciones son estrictamente personales y derivadas de una biografía que de un modo u otro se transmite hipostasiada a la ficción.

¿Dentro de la sociedad cabe alguna forma de comunidad? Cabe la aldea, pero no la comunidad. Los barrios chinos, los barrios judíos, las comunidades de propietarios, los centros financieros, las asociaciones, las parroquias, los pueblos y la vida rural..., pero en cuanto pertenecientes a una determinada sociedad, todos se someten a las regulaciones prescritas por el principio de distanciamiento.

El resultado es una integración social de intensidad baja. Por experiencia y comparativamente con otras formas de organización humana. La integración es el grado de implicación de los individuos con el grupo de pertenencia y que exige compromiso y renuncia del bien particular en aras del bien común. En comunidad, el individuo se siente parte y, en la medida que le corresponde, su sentimiento le orienta hacia la supervivencia y el progreso del grupo. El sacrificio y la muerte no son el límite.

El archivo de testimonios personales de nuestra época, sin embargo, manifiesta un descontento general con el grado de implicación de los europeos en las materias comunes. Es una queja repetida en la forma de juzgar la vida que nos hemos dado en los Estados democráticos. Hay demasiada literatura acerca de ello y sobre todo cada cual tiene su álbum de cicatrices a disposición de quien quiera verlo, si es que encuentra a alguien. Los vínculos sociales, familiares, afectivos se han ido debilitando. Las instituciones civiles y la participación política también lo sufren.

Otra cuestión es hasta qué punto existe una correlación entre la felicidad individual y la integración social. Es decir, entre el sentimiento de que uno es necesario para los otros, de su dedicación a tareas que se bastan a sí mismas (vocación, inquietudes, pasiones) y que no se justifican por otras (trabajo-dinero), más la fe que guía las acciones individuales y colectivas, por un lado, y el nivel de entrega a la supervivencia material y espiritual del grupo, por otro.

Es una cuestión complicada. Aquí nos basta con afirmar que en las sociedades clásicas el nivel de integración era alto y que la búsqueda de la felicidad formaba parte del ideario explícito. Y que en las contemporáneas se detectan resistencias y decepciones hacia lo colectivo, mientras el enfoque hacia lo que nos hace felices es difuso. O pesimista o demasiado crítico con el concepto.

Seamos sinceros: si alguien nos busca no va a encontrarnos en el camino a la felicidad. Nos hacemos un poco de lío con eso. A veces, creemos que la felicidad consiste en conseguir lo que queremos, conquista que suele venir seguida de desconcierto o de vacío. Otras, en que nos vean como queremos, lucha que suele conducir a algún trastorno. Otras, en que todo siga como está, opción generalmente inducida por el miedo.

¿Y si nos preguntamos por el miedo? ¿Las sociedades integradas tienen más o menos miedo que nosotros? Aquí sí podemos ser concluyentes: nosotros tenemos más miedo. No es solo que lo soportemos peor. Tenemos más, lo tenemos más tiempo, olemos a miedo, al doblar cualquier esquina el miedo nos hace una seña. Está en la conversación más trivial, se distribuye por los canales de información, por los chats, en las cenas con amigos, y cuando los ojos se abren en plena noche, es porque la oscuridad nos ha susurrado en el oído una amenaza saliendo de fauces negras.

Las menciones al miedo en la literatura antigua son descriptivas, objetivas. Así como la tristeza es recurrente, adornada con todo tipo de barroquismos y aliñada con toda clase de llantos, el miedo aparece como un correlato de la acción humana. Seco y frío. Andrómaca teme la marcha de Héctor al campo de batalla. Ulises queda paralizado ante la tempestad que le lanza Poseidón. Hay temblores, espanto, que duran unas cuantas palabras, algún verso, menos incluso, para caer generalmente en los brazos del éxtasis y de la fascinación por lo monstruoso. También la desesperación está cargada de recursos. Los héroes heridos suplican por su vida a los que terminarán matándoles, los agonizantes agarran puñados de polvo para no separarse de la tierra, las almas gimen en el Hades hasta dar lástima.

Antígona está desesperada y toda su desesperación es un largo lamento, pero no tiene miedo a las amenazas de muerte de Creonte. A Electra su *daímon* la arrastra de los pelos, pero no teme las consecuencias del asesinato al que empuja a Orestes. En la *Anábasis* de Jenofonte, un relato guerrero de desesperación y huida sin esperanza, a nadie le tiembla el pulso. En Esparta llamaban «tembloroso» a quien retrocedía un solo paso en la batalla.

Algo parecido sucede con el dolor físico. No tiene sitio de honor en la literatura antigua. De hecho, no lo tuvo hasta pasados muchos siglos. Esta concepción relativizadora del miedo y del dolor es la que leemos en la carta que Epicuro, agonizante, escribe a Idomeneo: «En este día feliz y último de mi vida, en trance de morir, te escribo estas palabras. La enfermedad de mi vejiga y estómago prosigue con su habitual agudeza. Pero mayor es la alegría de mi corazón al recordar mis conversaciones contigo».

El recuerdo que Epicuro dedica a sus amigos y discípulos de la comunidad del Jardín, el mundo compartido representado por Idomeneo, le permite atravesar el momento definitivo sin pavor y modulando el dolor. Hay semejanzas con la muerte de Sócrates. La cercanía de los nuestros es el mayor consuelo. En realidad, la proximidad física no es determinante, aunque es, con mucho, preferible. Es el valor que suministra la comunidad de espíritu con los otros, el conocimiento forjado en colaboración, la filosofía que les une, el camino hecho en compañía de semejantes. Aunque no estén presentes, permanecen junto al que sufre o junto al que ha de morir. Como la esperanza, el consuelo también pervive en el pasado, en lo que hemos hecho, en cómo hemos vivido. Y ahí aparecen los otros, desde los que se extiende la vida que llega hasta nosotros. No al revés, no es su vida la que se alimenta de la particularidad de la nuestra.

soledad en el ático

Un conocido que vino a vivir al último piso de nuestro edificio, un ático con dos terrazas y piscina, decidió escapar al norte antes de que se decretara el confinamiento. El año pasado había enfermado de neumonía gravemente y, según los médicos, sus pulmones no estarían en condiciones de soportar otra crisis, a pesar de que no llegaba a los 50 de edad. Antes de irse, nos dejó las llaves del ático en el convencimiento de que lo disfrutaríamos y de que él disfrutaría pensando que lo estábamos usando. Nos hizo una tremenda ilusión, imaginando que habría una escapatoria a la reclusión, un panorama libre para los ojos, aire puro y sol sobre nuestras cabezas.

En los primeros días, las condiciones atmosféricas no fueron favorables y descartamos el ático. Era la época en que intentábamos ajustar nuestras rutinas a la búsqueda de confort y de escudriñar las posibilidades placenteras que había en una vivienda de la que no se podía salir. Todo ello dentro de un sentimiento de opresión generado por la prohibición, que, como toda prohibición, se alimenta de las siniestras fantasías que provoca. En los momentos tenebrosos, cuando el horizonte chocaba contra los muros maestros de la vivienda y el aire era un puré irrespirable, el ático lanzaba desde la fantasía chorros de luz y brisas que ventilaban el pecho. Cercano estaba el día en que lo descubriríamos y lo gozaríamos.

Por fin, llegó. Fue un viernes en que el calor regresó bruscamente. La ciudad parecía recién abrillantada y los primeros retallos brotaban de acacias y ailantos como si se preparasen para recibir más cortésmente que otros años a una primavera que desfilaría por una ciudad distinta. La excursión al octavo piso era un coro de promesas. No subimos por el ascensor, porque alguien había advertido de que eran preferibles las escaleras. Un poco de ejercicio de propina.

Llegamos arriba con nuestra cesta de pícnic y algunos utensilios. La vivienda constaba de dos alturas. La de abajo tenía estructura de *loft* con espacios de cocina, estudio y salón. Unos cuantos peldaños daban al nivel superior en el que se encontraba el dormitorio con puertas de salida a dos terrazas. Una albergaba la piscina —más bien un jacuzzi de buen tamaño— y la otra, una mesa para diez, un par de hamacas graduables con colchoneta y una barbacoa con un frigorífico anejo bajo una encimera de granito. Unos treinta metros cuadrados cada una.

Pusimos en la mesa la cesta de pícnic y nos preparamos para disfrutar de la comida al aire libre, más libre que ninguno que pudiéramos recordar o imaginar.

Todo era perfecto. Al norte se divisaban los rascacielos de Plaza de Castilla, al oeste las montañas de la sierra con las crestas nevadas, más al sur la mancha verde de la Casa de Campo. En el cielo había nubes como lazos de algodón deshilachados. Debajo de nosotros se veían torres de iglesia apuntando arriba con el pararrayos o la rosa de los vientos, azoteas blancas destellando bajo el sol y un mar color teja que se ondulaba hacia playas lejanas.

Encomiamos las virtudes del sitio y envidiamos la suerte del propietario. Dimos unas cuantas vueltas de reconocimiento y unas cuantas más para constatar la incontrovertible satisfacción y la fortuna. Luego, comimos deprisa y no hablamos demasiado. Las niñas se echaron en las tumbonas, mi mujer recibió una llamada telefónica y yo me asomé al pretil que daba a la calle, muchos metros abajo.

No se veía un alma. Un autobús dio la vuelta a la glorieta con una parsimonia al ralentí. En las terrazas nadie había salido a tomar el vermú o a comer, quizá el sol molestara demasiado. Una bicicleta giró en Ríos Rosas y desapareció. Al cabo de unos minutos un tipo joven salió de un portal y encendió un cigarrillo. Durante unos segundos se escuchó una rumba y a los pocos segundos se apagó.

La calle era una calle extraña observada desde lo alto. No era una calle solitaria. Era una calle desvitalizada, abandonada por sus habitantes. Jamás volvería a pisarla ningún ser humano ni a cruzarla ningún vehículo. Al cabo de un rato, un grupo de muchachas pasó por debajo y sus voces pudieron oírse. También pasaron dos taxis. Otro autobús se acercaba desde los bulevares.

El chico que fumaba volvió a meterse en el portal y de unos cuantos más allá salieron dos mujeres a hacer lo mismo. Pero la sensación no variaba. La sensación era que no había nadie, que la ciudad solitaria de los días anteriores se había convertido en una ciudad abandonada, en un desierto de vida. Sin embargo, nada había cambiado. Cuantitativamente.

Mis hijas quisieron volver a nuestro piso al cabo de un cuarto de hora. Mi mujer no puso objeciones. Cuando estuvimos abajo, le pregunté si no se había sentido incómoda. Si no había sentido algo... malo. Me dijo: Sí, hay algo, no sé lo que es.

En los días siguientes, en los que imperó el buen tiempo, nadie sugirió otra excursión al ático. Ahora, nos aproximamos a los dos meses de reclusión y, en total, habremos subido otras tres o cuatro veces. Quizá no tantas. De lo que estoy seguro es de que para mí no es una fuente de placer ni un alivio del confinamiento. Tampoco para mi mujer ni las niñas. Subimos como el que va al médico, por un compromiso reticente con la salud del cuerpo, o como el que disfruta de unas rebajas por ser rebajas. Hay sol y aire libre, las niñas necesitan sol y necesitan perspectiva, ¿quién rechazaría el sol y un panorama despejado cuando es algo de lo que pueden disfrutar muy pocos? ¿Es que prefieres tu piso a menos de cuatro metros sobre la calle?

Sí, es preferible el piso a cuatro metros sobre la calle. Sin género de dudas.

Desde la primera escalada al ático del colega identifiqué la sensación: era agobio, como el de la noche en que saqué al chucho y volví peor. Un agobio que hasta entonces había ido remitiendo. Hasta que vi Madrid desde el cielo de aquella terraza. Como los santos o los muertos. O como el eslogan turístico, que ahora me parecía tétrico (de Madrid al Cielo).

Desde el ventanal, al menos, veía personas, identificaba rasgos y gestos, podía escuchar o sospechar su respiración. Cuando pasaba un taxi o un autobús, el taxi o el autobús iban conducidos por alguien a quien podía observar. Me permitía convertirlos en personajes, entablar un diálogo mudo con ellos a través de lo que yo interpretaba o sentía. Las personas eran interlocutores, pasaban a una distancia sensible, me mirasen o no conversaban con el entorno, yo les escuchaba incluso en su silencio más hondo. Alguien salía de un portal, cruzaba de acera, miraba desde una ventanilla y había la oportunidad de cruzar la mirada. No habría conocido a Edmundo o a Isidoro si hubiera vivido en el ático. No me habría fijado en el enfermo con Corea de Huntington y este libro nunca se habría escrito, porque este libro comenzó con esa imagen, un lunes a las nueve de la mañana, tan poderosa que me hizo abandonar todo lo demás, que hizo que lo demás no importara. Mirar a los otros que estaban al alcance me enamoró de los otros y me enamoró de mi mirada, si es que cabe semejante distinción.

Desde el ático no existían seres humanos con los que se pudiera hablar, seres con gestos, seres que mirasen alrededor y que también pudieran verte: solo la expectativa de que pudieran ver o de que pudieran verte salvaba la sensación asfixiante del confinamiento. Efectivamente, nunca había sido el espacio, siempre habían sido los otros. No era el espacio lo que debía desconfinarse, era la relación con los otros. El espacio subjetivo de confinamiento era el de la presencia de los otros, borrados de la faz de la tierra. Mientras todo el mundo lamentaba la ausencia de movimiento y de viaje como si les hubieran sustraído los lugares, la única ausencia que de verdad estábamos lamentando era la de los otros. Los necesitábamos. Los necesitamos. Pero no por interés, por lo que cultivan, por la fuerza que prestan, por sus virtudes o talento, porque no podamos vivir sin algo de solidaridad o de compañía animal, sino porque sin ellos no sabemos mirar. Los otros nos enseñan la primera mirada. Con los otros sabemos que miramos. Y además nos la devuelven. Aprendemos cuando nuestra mirada está siendo mirada. Cuando el que nos habla nos mira. Sin eso, el mundo da tanto miedo y es tan frágil como una pesadilla.

Desde el ático había siluetas y esbozos, no personas, y por tanto estábamos más solos que en nuestro primero con el ventanal a la calle. Doble confinamiento. Empecé a preguntarme si el colega del ático habría llegado a las mismas conclusiones y, adelantándose a lo que venía, decidió poner tierra de por medio de su propio hogar, concebido para descansar de los otros, no para aguantar su ausencia ilimitada. O le mataban los pulmones o le mataba mirar el mundo desde el cielo. Porque eso también mata. Lo que pasa es que ahora hemos descubierto que lo único que mata es el coronavirus. Única muerte concebible. Como si la vida aislada, sin esperanza de los otros, sin su presencia en el paisaje, no fuera otra muerte, una muerte en vida. No fuera una muerte a la que creíamos estar acostumbrados.

La comunidad exige mucho del individuo. La sociedad también. Aunque cosas distintas. La comunidad exige construir el carácter e integrarlo. La sociedad, ponerlo en manos de la legalidad vigente y dejarlo de su cuenta. En el fondo, nuestra sociedad no entiende de qué estamos hablando, mientras se cumplan las normas tributarias y se circule por la derecha.

no hay ética sin política

La construcción del carácter, la ética, lo relativo al *éthos*, a la conducta que se ha adquirido. En la tragedia, es el personaje. El inglés conserva el eco de este significado en la denominación del personaje: *character*. Se dice que al *éthos* le acompaña la *diánoia*, la intención del pensamiento, pero en el fondo eso ya está comprendido en el *éthos*. «Nuestro carácter es nuestro destino», sentenció Heráclito. Aunque el destino no está escrito, sino que nuestro carácter en contacto con las volubles circunstancias del mundo lo van forjando.

Somos un *éthos* que se va haciendo. Y se hace con los nuestros, con los semejantes, con los que tienen nuestros mitos y nuestros ritos, nuestros dioses. Sin los otros que son los nuestros no hay nada, no somos nada. Acaso unas cuantas pulsiones y deseos que se disuelven unos en otros, al simple contacto, que se contradicen, demasiadas direcciones y falta de tino. O nos convertimos en una afirmación rotunda que no deja espacio, que no se lo deja a nadie, para conseguir un objetivo o para mantenerse en cierto estado de pureza o de coherencia. O someterse a un deber ser para no caer en la ambigüedad o la impotencia de la reflexión íntima. Qué hacer, qué es lo que vale, qué es lo que vale para nosotros. Aprender a dar valor lo enseña la comunidad. Aprender a darse valor, a ser valiente, también.

En la conclusión del capítulo 2 de su *Ética a Nicómaco*, Aristóteles escribe: «A esto va, pues, nuestro tratado presente que es, de alguna manera, un tratado de política». Aristóteles recoge aquí, suavemente, lo que en su maestro Platón era un principio severo: no hay ética sin política. Y ya está. Si la comunidad no funciona —y en tiempos de Aristóteles la ruina estaba encima—, no hay carácter que valga, literalmente, no habrá forma de dar ni de darse valor. El resultado, en términos colectivos, será una variante del *homo homini lupus*, la lucha de intereses cuerpo a cuerpo. Hobbes reivindicaría muchos siglos después de la polis clásica un Estado, el Leviatán, que controlara esa guerra que creía ínsita en la naturaleza humana.

Pero nada estaba escrito en la naturaleza humana, por llamar de alguna manera a lo que la especie hace o busca hacer. En la naturaleza humana estaba hacer comunidad, y fue lo que hizo hasta llegar aquí. Cuando la comunidad fue disuelta por el Estado aludiendo a un teórico además de vago pacto social, al progreso técnico y a la evolución compleja de las sociedades humanas, el hambre del lobo sustituyó al carácter de las personas. La rapiña reemplazó a la virtud. Se convirtió en virtud. Muchos lo advirtieron. La guerra, escribió Rousseau, no está en la naturaleza humana, sino en la naturaleza de la sociedad civil. Marx habló de un Estado que en realidad funcionaba como un consejo de administración, distribuyendo privilegios y desigualdades. Por último se apropió del cuerpo de los individuos y les dijo cuándo y cómo debían morir, cuándo estaban sanos y enfermos, a quién pertenecían (Foucault).

O vivimos para construir nuestro carácter o vivimos para defender nuestros intereses. El dilema es sencillo. A quien le parezca esquemático es porque no conoce la profundidad que implica la búsqueda de carácter y la miseria polimorfa que oculta una sociedad organizada en torno a los intereses de los particulares. A pesar de todo, la vida es compleja. No ahorrará dolores y penurias. *Allá pan tólmatov epeí kaí péneta* (todo, todo habrá que sufrirlo), escribió Safo en verso inmortal. Pero hay que estar en condiciones de soportarlo. Sin la construcción del carácter propio, sin la aspiración a la virtud, sin una descripción solvente de los entresijos de la vida humana y de los acontecimientos que la asaltan, ninguna cosa es tolerable. Ni grande ni pequeña ni mediana. Cualquier revés es un insulto, una humillación, una herida. No hay insultos, humillaciones ni heridas pequeñas. Todos son enormes, grandiosos, todos de un tamaño que nuestro ego, grandioso también, pero desmembrado, no puede abarcar.

Es verdad que la comunidad antigua exige mucho, y que no tiembla al pedir la vida. Pero también da mucho. John F. Kennedy creyó apelar a la virtud cívica cuando dijo: «No preguntes qué puede hacer tu país por ti, sino qué puedes hacer tú por tu país». Sin embargo, parece negligente no preguntarlo, sobre todo cuando tu país tiene cierta inclinación a pedirte la vida a cambio. ¿Por qué no vamos a preguntar a cambio de qué? Sería la pregunta más lógica y la única manera de hacer explícito ese supuesto pacto que nos une bajo una misma legalidad. Por otro lado, es una sugerencia que incluye descaradamente una asimetría. Yo, más o menos, sé quién soy yo o me aproximo bastante o tengo alguna noción. ¿Pero quién es mi país si ni siquiera puedo preguntar qué hace por mí? ¿También lo damos por supuesto, es decir, a traducir por que cada uno suponga lo que quiera? Kennedy no apelaba a la virtud cívica, sino a la inmolación. No te hagas preguntas, muere. Muere en silencio.

A la antigua Grecia le resultó inconcebible proyectar y vivir en comunidad sin que ética y política no convivieran en armonía. Dos caras de la misma moneda. Los seres humanos crecen y se desarrollan en comunidad. Las comunidades crecen y se desarrollan gracias a los miembros que la componen. Desde muy temprano, la historia de las comunidades helénicas se centró en fortalecer una mitología compartida, en democratizar el poder y el conocimiento, en construir el imperio de la ley y defender la libertad individual. A la transmisión de estos conceptos fundacionales de la convivencia la denominaron *paideía*, de *país*, niño. En realidad, su sentido era más amplio, del mismo modo en que *koúros* no solo designaba al joven impúber, sino también a todo aquel que sentía dentro de sí la fuerza de la juventud y se atrevía a iniciar una nueva etapa, arriesgando lo que tenía. Parménides es llamado *koúros*, y debía de rondar los 45 años cuando escribió el poema que sin duda protagonizaba. Ser joven no siempre coincide con los argumentos de la piel. En la práctica, uno es joven, al igual que los héroes, cuando desafía la vida.

Si a la transmisión de los valores imprescindibles lo llamaron *paideía*, a la comunidad que resultó de infundir estos valores la llamaron *pólis*. *Pólis* y *paideía* son conceptos y realidades inseparables.

poíesis *y* paideía

¿Cuál fue el vehículo que las comunicó? La poesía, los aedos, los rapsodas. El término *sofós* (sabio) proviene de la forma en que designaban a los poetas. Alcmán, Íbico de Regio, Arquíloco, Safo, Píndaro, son *sofoí*. Escriben en los albores del apogeo de la polis, siglo VII en adelante. Y escriben poemas para la comunidad, poemas públicos, que hablan de los mitos y de los dioses, de la magia, del Hades, de la profecía, de las victorias de los héroes. Este último género (epinicio: *épos*, palabra, canto; más *níke*, victoria) se adecuaba como ningún otro a la producción sintética de una cosmovisión y de una cosmología so capa de un acontecimiento que interesaba a todos, por lo general de carácter extraordinario. Es casi todo Píndaro, al menos el que nos ha quedado. *Sofós*, pero no *polymathés* (el que sabe muchas cosas, de muchas materias, un pluridisciplinar). El que sabe lo que hay que saber, de aquello de que lo demás es solo conocimiento instrumental, *tekné*. Puede haber incluso *tekné* de cosas espirituales y muy difíciles, incluso de artes y prácticas sublimes como la arquitectura y la escultura, como la capacidad de convencer en la asamblea o de liderar en la batalla o de intervenir en los ritos. Pero *sofós* es solo el poeta. Y el saber siempre ha sido de lo mismo: de lo esencial. Lo otro es ignorancia especializada.

El *sofós* indiscutible fue Homero. Tras él, Hesíodo. Toda la posteridad griega los citó como padres del pensamiento, no como líricos. Sus versos eran sentencias, argumentos de autoridad, puntos de partida para la reflexión. A los dioses del inframundo, cuyo panteón había sido erigido por los poetas, descendió Parménides (*katábasis*) para descubrir que «lo que se piensa es». ¿Hay una mejor definición de poesía? ¿No hay una clase de pensamiento que es irrefutable y que nos guía ciegamente, sin que le afecten las objeciones? El pensamiento del corazón, que es a la vez poesía y filosofía, *noeín*, intuición absoluta. Para que no quedase duda de la herencia, Parménides se llevó al viaje los hexámetros de sus maestros.

Con más ambivalencia encontramos a Homero en la boca del Sócrates platónico. Hay un dejo de ironía, aunque también respeto y un deseo sincero de homenaje. Las cosas han cambiado mucho desde los tiempos en que los dioses eran señores indiscutibles de los asuntos humanos. Ahora hay un serio competidor: la polis, el lugar donde la palabra de los hombres vale tanto como la de los dioses y donde las leyes que se dan a sí mismos importan al menos tanto como las divinas. Sócrates no puede aceptar en su método verdades inalterables, ya sean dichas en verso o en prosa, pues su objetivo es la puesta en cuestión de cualquier verdad. Ni tampoco esa forma de hablar musical que es en el fondo una hipnosis, cuando él está llamando al diálogo consciente. El método socrático es camino, apertura —mayéutica, técnica del parto—, pensamiento en estado de vigilia permanente. A la música le espera un revés violento en la República platónica, de la que será expulsada —en sus formas envolventes y emocionales— sin contemplaciones. Es comprensible. Pero no por lo que se suele suponer, por la emocionalidad que resta vigor y concentración a las almas en las tareas asignadas por naturaleza, sino porque es el pensamiento antagonista, el adversario difícil al que se enfrenta la metodología platónica, su *epistéme*: la otra palabra, la que viene con ritmo, la que puede ser cantada y es tan cierta como el bombeo del corazón.

¿Qué imaginamos en este tiempo que es la poesía? La poesía no forma parte del proceso de conocimiento ni de nuestra teoría de las decisiones ni de lo que consideramos herencia común. En general, nuestras nociones acerca de lo que es poesía tienen que ver con actividades marginales respecto de la vida tal como es, dura, objetiva, de dar pedales. Con aspectos prescindibles. Un lujo cultural, como el Concierto de Año Nuevo en el Palacio Imperial de Viena. No apta para tiempos de crisis. No explica qué hay que hacer en las encrucijadas, ni por qué pasa lo que pasa, ni da de comer, ya puestos.

Pero para los griegos antiguos era la sabiduría que engendró la ciencia y la filosofía, la que inspiró la ciudad, hizo posible la tragedia, construyó la memoria. Fundó el mundo del que nos llamamos herederos. Una herencia de la que se ha renegado con simple desdén.

La poesía no es solo una *epistéme* (método de conocimiento) diferente de la que utilizamos, demostrativa, empírica, atenta a las repeticiones estadísticas. La poesía es una visión que va más allá del género literario, de la forma, del producto cultural. Más que una forma literaria es una forma de estar. Es una estructura de la mente.

En primer lugar, el poema es una espera. Hay que esperar a lo que puede darte. A veces es nada o muy poco, pero la espera es la misma. Esperar significa que no se puede ir corriendo en busca del significado o de la intención, sino que hay que esperar a que el poema venga a buscar al que lee, a que se le ofrezca. Si el lector va en busca de una concreción o de una interpretación, el poema deja de ser leído, porque deja de hablar. Hay que esperarse al final. Y al final del final. No solo a que termine la lectura, sino a que repose, a que acudan las imágenes que han quedado, si es que quedan, si es que acuden. La poesía y la interpretación (la prisa) son enemigos que no hacen prisioneros. Prevalecen de forma absoluta sobre el adversario. Lo eliminan mediante exterminio.

Lo que acude al cabo no son conclusiones, ni frases acabadas, sino imágenes. Imágenes con apariencia de palabras o imágenes como iconos, escenas, sombras, palancas que impulsan otra creación. De algún modo, como las palabras de la Pitia, son inspiradoras, pero no apodícticas. La verdad hay que encontrarla por cuenta propia.

Del mismo modo en que el creador tiene que esperar a que llegue el poema, su público debe esperar a que le ilumine. Esperar. Una espera sin objeto.

En segundo lugar, la emoción del poema apunta al silencio. Lo que no dice, pero está a punto de decir, o lo que dice en los oídos del que lee, pero no se entiende bien. Es un silencio que se escucha, porque estábamos esperando que hablase y no habla. O se habla, por fin, pero entre líneas. Son las palabras ápteras (sin alas), las que el poema guarda dentro del pecho sin decirlas, pero quien lee o escucha sabe que están ahí, como están en Euriclea, la nodriza, al descubrir que Odiseo ha regresado a Ítaca.

Es un silencio sensible, igual que la *epodé* era una palabra sensible. Tenemos que escucharlo. De otro modo, o somos sordos o el poema no es poema. Dice Píndaro sobre los héroes de la nave Argos: «Tan dulce era el anhelo persuasivo / que Hera repartía entre aquellos semidioses / para que ninguno quedara atrás junto a su madre / pudriéndose lejos de los riesgos de la vida». ¿Se pudre el alma lejos de los riesgos de la vida? ¿Por qué, cómo? ¿Hay que irse de la madre nutricia, huir de los resguardos? Solo se nos dan esas preguntas, que ni siquiera podemos contestar enseguida. «*Nobody, not even the rain, has such small hands*», escribe E. E. Cummings a mediados del siglo pasado. Aquí ni siquiera hacen falta preguntas. La lluvia, las manos, tus manos tan pequeñas. Como se siente la lluvia, se sienten tus manos. Nos enlazamos como el agua. La imagen es sentida, no entendida. No hace falta.

El silencio, la espera y, ahora, el ritmo. Del ritmo ya hemos hablado. En realidad el ritmo es todo, la fuerza del pensamiento, la magnitud del aliento, la intensidad de las palabras, las medidas de todo ello. Ese gran ritmo, el del acomodo de la mente a su universo, lo encontramos en el abismo de nosotros mismos. Es el que nos permite llegar al alma de los otros, declarar nuestro amor, dar una clase. Pero hay un ritmo que tiene localización, *locus*. Flujo y reflujo, como en el mar. Olas y versos de distinta longitud de onda. Ruidos continuos y discontinuos. Choques, mesetas en sordina. La concatenación de intensidades dentro del verso, entre versos, entre todos los versos. Hay que prestar mucha atención. No estamos ante un prospecto. Las proporciones están hablando. «*Tis tar sfoe theón éridi xinéeke máchesthai / Letoús kaí Diós uiós. Ho gar basilíi cholotheís / noúson aná estratón órse kakén, olékonto de laoí...»* (¿y qué dios les empujó a la feroz discordia? / El hijo fue de Zeus y de Leto, pues irritado con el rey / envió peste maligna para que perecieran las huestes...). Se escucha en los versos griegos un batir poderoso y constante que es superior al de los tambores de guerra, al choque de las espadas y las picas contra los escudos y corazas. Es un ritmo interno, sofocado, pero mucho más violento, fuera del honor y de la gloria, que quiere destruir, solo destruir, ni siquiera vencer: la cólera, la *ménis* desatada, la hermana pequeña y mortal de la erinia divina que Zeus envía a los que maldice. W. B. Yeats: «*I have spread my dreams under your feet; / tread softly because you tread on my dreams*» (He extendido mis sueños a tus pies; / pisa suavemente, porque pisas sobre mis sueños). La suavidad, la ternura... El sentimiento se diluye dulcemente en sílabas alargadas, como una alfombra infinita sobre la que caminarán los que se aman. O que pisotearán hasta desgarrarla. Pero no podrán olvidar que era suave, que estaba tendida para pies delicados y que esa delicadeza, pase lo que pase, no les abandona. Podemos practicarla o no, pero la conocemos y es asunto nuestro lo que hagamos con ella.

Luego, están las expectativas del poema. Esperamos algo, pero esta espera no es la espera del principio, la del aguardar sin objeto o hasta que el objeto llegue, si llega. Como en música después de una nota, nuestra cabeza nos dice que llegará otra que de alguna forma ya estamos escuchando. Luego, se presenta una distinta, y se produce una especie de emoción: no es la que esperábamos, es mejor. La que esperábamos era demasiado conocida, la que llega nos llena de intensidad, nos prepara para otro modo de escuchar, nos descubre que podemos ser otros con otras expectativas. En el fondo, resulta que creíamos saber demasiado. Y ahora resulta que es más emocionante lo que no sabíamos, más bello.

Hasta encontramos cierto placer en ver cómo se destruyen, con espontáneos golpes de posibilidad, las expectativas que construimos y que a menudo llevábamos puestas. Hasta cierto punto es como si nos liberasen de una carga. Porque ya no hay que cargar con nada. Sobre todo, no hay que cargar con nuestras expectativas. Con nuestra moral de predecibilidad. Con el disgusto de que no se cumplan.

«Dígame un color. El verde. Otro. El verde. / Una parte de la casa. El aire. / Una pregunta. La pregunta. Un escritor. / El misterio. ¿Qué asocia con un pájaro? / (...) ¿Un motivo? Para morir. ¿Un motivo / para morir? Ninguno, / tal vez. El deseo.» Estos fragmentos del joven poeta español David Leo García sirven también para el siguiente argumento, la cesura. De momento basta con interesarse por el intercambio de expectativas que mantiene con el lector. Aquí parece un juego que va de adivinanza en adivinanza. En realidad, apuesta por una adivinanza mucho mayor, de una magnitud tal que deja de ser adivinanza para convertirse en un reproche directo: lo que consideramos respuesta. Lo que consideramos que debemos responder. Más: considerar que hay que responder.

Lo que nos enseñan nuestras expectativas y nuestra necesidad asfixiante de que haya predecibilidad en el mundo es que se vive mejor sin ellas, excepto si se las controla como un dato de la experiencia, sujeto a imprevistos. Miles de imprevistos. Mejor aún, si coincidieran con la realidad, deberían considerarse imprevistos.

Otra vez Safo: «Todo, todo habrá que sufrirlo...». Todo. Lo bueno y lo malo. Y las expectativas, más que el resto.

La cesura, la otra manera de la poesía de decirnos que la realidad no es lineal ni unívoca, que no corre como los ríos por un cauce que va a dar a la mar. Cada verso no es solo un argumento parcial de un discurso más amplio, elemento de un conjunto. No es el minuto en un día ni un día en un mes ni un mes en un año, sucediéndose y desapareciendo como los puntos en una línea. El verso tiene su vida, su unidad, y dice lo que tiene que decir en sí mismo, incluso para sí mismo. No va confundido en la corriente. Se separa de ella y la deja entrar o se sumerge cuando así lo decide. Es una unidad de fuerza en medio de otras unidades de fuerza. Pero a diferencia del elemento de un sistema, solo cumple su función cuando su singularidad se destaca, solo se somete al poema cuando se convierte en sí mismo y brilla sobre lo anterior y lo posterior.

La línea de escritura o de dicción se corta en un momento dado, porque hay algo que considerar antes de llegar al enunciado siguiente. Y lo siguiente puede que sea la negación de lo que afirmábamos. ¿Puede haber una afirmación junto a una negación y tener sentido? En el poema de Leo García, se decía en un verso que no hay motivo para morir. Esa es la afirmación. ¿Por qué deberíamos buscar motivos? ¿Cuáles son suficientes y cuáles insuficientes? ¿Y qué tiene que ver la muerte con motivos, si de todos modos sucede? Bien, comprendido. Todo en orden. Pero el verso siguiente empieza con «tal vez» y a continuación escribe entre puntos «El deseo». ¿Quizá lo dicho en el verso anterior es falso y sí hay motivos para morir? ¿El deseo es un motivo para morir? ¿O el deseo se ha quedado por ahí, como una especie de destello que niega cualquier afirmación o argumentación, tanto si es coherente como si no?

Ese movimiento de afirmación, negación y sentido extraño, está igualmente en estos versos de Arquíloco: «Oh, amigo, para la desgracia irremediable dieron los dioses / la pócima de una resignación dolorosa. / Los males van y vienen, son volubles, / hoy nos toca a nosotros que lloramos la sangre / de una herida, pero al fin nos cambiarán por otros».

A menudo, una cesura bien colocada da sentido a toda la estrofa o a todo el poema. Leer cesuras es leer preguntas que leen imágenes. Las cesuras son las que hacen los versos y a veces valen más que las palabras que los versos dicen, sujetas al tiempo interrumpido que las espera, a su muerte abrupta.

La cesura repliega el sentido a lo ya dicho en el verso y al mismo tiempo lo proyecta sobre el que viene, adelantando algo de lo que aún no ha llegado, las palabras que aún no han aparecido. Hay que guardar silencio, esperar, prestar atención a la cesura si se quiere saber de qué se ha hablado, de qué se hablará. Es un instante de intimidad en la corriente de las palabras, un leve cese para orientarse en la incertidumbre, en la tierra de nadie.

No somos un río, nada de lo que hacemos es río. Más bien somos modalidades de interrupción y de silencio. Somos desvíos, meandros de la corriente de la vida, que nos arrastra solo si hemos decidido no detenernos, no confundirnos, no salirnos del cauce.

Y si mientras tanto queremos respirar, tendremos que dejar que llegue hasta nosotros el aire. Las palabras son aire articulado. Las respiramos en su levedad, «flotando entre la luz y el oro», escribió Goethe cuando creía que la inspiración (tomar aire) le había abandonado. A eso se refiere el *pneúma*, la palabra griega que vale para designar el aire que respiramos, pero también la condición elevada del espíritu. Sucede lo mismo en hebreo con la palabra *rúah*, es el viento de Dios y es el aire. El elemento de vida y la esencia de las cosas reunidos en un solo término.

Porque las palabras son respiración, están alrededor, viviendo libres. Cuanto más libres son, más adentro llegan. Aire puro, aire libre, palabras puras, palabras libres. Hay que dejarlas en el aire, a su aire. Lo importante es que nosotros no hacemos el aire, sino más bien al revés. Estaba antes que nosotros. Con las palabras y su aire sucede lo mismo, hay que dejarlas libres, uno no las ha hecho, no las inventó. La lengua es el genoma del espíritu, nos supera, habla por nosotros.

No hay que tener miedo a dejarse llevar por las palabras, a ver qué dicen. A menudo es conveniente que a uno se lo lleve el viento o que se lleve los malos sentimientos, las experiencias torvas, los recuerdos que se resisten. «Cuánto mundo ha venido de todo el mundo: / morrenas y murenas, mares y morago, / auroras, arcoíris, águilas y astrago. / ¿Dónde ponerlo todo? Dios mío, ¿qué hago? / Esos llandes, lloredos, lluvias y llubinas, / esas llacas y llamas, ¿cómo las hacinas?», dice Wislawa Szymborska en su poema «Cumpleaños».

Y otra joven poeta española, Bárbara Butragueño: «Me voy descosiendo: / tiro de una sílaba / dos / tres / y empiezo a desnudar la mirada / luego, la conciencia».

Anacreonte: «*Eréo te deite kouk eréo / kaí maínomai kou maínomai*» (Y otra vez amo y no amo, y estoy loco y no estoy loco). El juego de las palabras buscando la diana del sentimiento, yendo, viniendo, negando, afirmando. Hay que dejarlas hacer.

Tirando de las palabras aparece el mundo. No necesitamos apostarnos en él y disparar sobre la pieza. Las palabras se llaman unas a otras, por eso son espíritu, un inmenso tejido (*textum*) que podemos descoser simplemente tirando de los hilos, de las palabras. El logos como estructura del cosmos. Los griegos estaban convencidos. Y los hebreos también: confiaban en las promesas de Dios, a pesar de todo. Y creían que el verdadero nombre de Dios eran todas las palabras de la Biblia pronunciadas con un solo golpe de voz. Me temo que eso no está a nuestro alcance. En cambio, podemos hacer holocaustos por nuestra impotencia. *In principio erat verbum*, tradujo y sintetizó Juan el Evangelista.

no nos educaron los poetas

Pneúma y logos, el vínculo es íntimo. Al menos en el origen de nuestra cultura. Cuando pronunciamos palabras vamos en busca del espíritu, del aire que respiramos. Sin aire, morimos. Nos asfixiamos poco a poco. No es una buena muerte.

El poeta griego, cuando hacía poesía, educaba en una actitud ante el mundo. Más allá de las narraciones o de los epinicios, de las tramas y de los conflictos, de los ídolos tribales o municipales, educaba en una mentalidad concreta, en unos sentimientos concretos, en una relación concreta con la vida y el mundo. Enseñaba qué es ser poeta. Y ser poeta no es solo el que hace versos. Poeta es el que crea. El mayor de todos, el que crea su propia vida.

Así que educaron en que el conocimiento es espera, una forma de paciencia. Paciencia en el esfuerzo, paciencia hasta que llega a ti. Hay que ir en su busca, pero solo para que te distinga entre los que no lo hacen, no porque vaya a ir hasta ti. Y la única guía es la fe en que en algún momento o etapa vendrá, se anunciará. Siempre se es joven cuando se ha aprendido a esperar, porque, en el fondo, la juventud era una espera, y luego es lo que hemos hecho todo el rato. Aunque refunfuñando. El amor, el placer, la recompensa, la paz tras la guerra, la empatía, eran esperas. Hay que fijarse bien, pensarlo una vez más. Eran esperas.

En cambio, cuando corremos para encontrarlo no somos más que pollos sin cabeza. El mundo en el que vivimos interpreta, investiga, perfora, cuantifica, anda con prisa, hacia adelante, adelantando acontecimientos y viviendo ya, ahora, en los acontecimientos que acaba de adelantar. Eso vale para unas cuantas cosas. Por lo general, para la obsolescencia programada de los sólidos inertes, para planes quinquenales, para guiones de películas distópicas. Para la vida que tenemos que vivir, no vale nada. No poco: nada.

Educaron en el silencio. En escucharlo, en localizarlo incluso en el interior del ruido. Siempre ha habido demasiado ruido, no solamente en este tiempo en el que todo está empeñado en hablar en voz alta todo el rato, todo lo que nos rodea está emitiendo un comunicado de última hora, anunciando el último decreto o el último complejo nutricional. Lo que tenemos que escuchar no está en la información que llega en caravanas por sus autopistas, sino en el silencio que hay bajo el tráfico. El silencio que hay debajo de las cifras, de los discursos, de los eslóganes publicitarios, de los ideales y de los programas de acción. Lo que no se dice, lo que se dice a medias, lo que pudo haber sido dicho y no se dijo. En realidad, eso significa escuchar. Con el ruido, basta oír.

Los poetas enseñaron que el ritmo lo es todo: para pensar, para escribir, para hablar con los demás, que solo nos escuchan cuando tenemos ritmo. Cuando notan la medida, cuando notan que lo hemos pensado y estamos creando para ellos.

Lo contrario del ritmo es la literalidad. Significados y más significados amontonados, en ristras, en capas sedimentarias de comprobaciones. Todo claro, todo distinto, una explicación para cada cosa, las peras con las peras, cuantificando el caos. Para el literal, la vida es significado, no música, no musa. El columnista, el santón, el especialista son las figuras privilegiadas. El púlpito lo es entre los lugares, junto a la cátedra y el *teleprompter*.

El ritmo es buscar la proporción entre varias cosas a la vez, hacia dentro y hacia afuera, como en el poema, entre intensidades distintas, entre voces distintas, entre emociones contrarias. El ritmo es sumar peras con manzanas, y el resultado con un divorcio, una estafa, unos padres que no supieron quererte, un coronavirus a última hora. Ritmo. Aritmética. La vida misma. Pero nada de sumar cantidades homogéneas, porque en la vida ninguna cantidad es homogénea. Son todas insultantemente heterogéneas, de su padre y de su madre, por mucho que se empeñe el telediario y la Selectividad. Y nosotros, con nuestros planes de pensiones. Si ahorramos, llegaremos a viejos. Y esa, ¿qué cuenta es?

Enseñaron contra el peso de las expectativas, contra su esclavitud, contra el peligro de sucumbir cuando queremos algo por encima de todo, sin saber por qué lo queremos, cómo seremos cuando lo tengamos, cuál es su beneficio real, no el de la fantasía. Tenemos expectativas para todos los gustos. Para uno mismo, para los hijos, para el perro, para el presente y para el futuro. La expectativa es la gasolina de la acción, es por lo que se hacen cosas que disgustan, por lo que se pospone el placer, por lo que se aguanta en trabajos cuya única contrapartida es lo que calcula nuestra cabeza. Por la expectativa hay suicidios y crímenes. La sociedad no es una guerra de intereses, sino una guerra de expectativas. El interés es solo la apariencia con la que se presenta en sociedad, el aspecto comunicable y aceptable. A cobijo del interés está el monstruo tratando de camuflar la aspiración obtusa, los verdaderos motivos, los deseos violentos, las pasiones bajas y tristes.

Una vida rectilínea, ríos hacia la mar. Contra eso también enseñaba el poeta. Pero nosotros caminamos del nacimiento a la muerte por el camino de baldosas amarillas. Es verdad que en algunos tramos serpentea un poco, pero lleva a la meta, a la Ciudad Esmeralda de cada cual. También es verdad que algunas veces está un poco roto, pero nunca se pierde en el paisaje. A veces, hay accidentes, es cierto. No importan, siempre y cuando se siga hacia adelante. Se quedan en anécdota que luego puede ser contada como entretenimiento. Lo importante es que antes estábamos en un sitio y ahora en otro. Los hay que dicen que por el camino se cambia, cambia uno. Que el que salió de su casa no es el que llega a la Ciudad Esmeralda. Puede ser, pero ¿con qué se mide eso? Es algo subjetivo. Por el contrario, el camino es objetivo, firme y continuo. No se interrumpe, libre de la subjetividad, de tus sentimientos y teorías.

El poeta creía que al cantar se acercaba a los dioses, que el espíritu de las palabras se elevaba hasta el espíritu de todo, del logos al cosmos. De hecho, siempre pedían la protección de la diosa, de la musa. Al fin y al cabo, era ella la que debía conducirles hasta el lugar en el que esperaba.

Ahora estamos más acostumbrados a otras palabras. No son de aire ni van a su aire. No tejen ni destejen ningún mundo. Ni van ni vienen del espíritu. Son herramientas, aprietan tuercas, levantan muros, redactan normativas y directrices, miden y pesan. Están demasiado ocupadas en hacerse con el poder como para vivir del aire, del espíritu. Se habla, no solo de lo que dicen los periódicos, sino como los periódicos. No solo de lo que dicen los libros de texto, de lo que dicen las leyes, de lo que dicen los manuales de marketing, sino como los libros de texto, como las leyes, como los manuales de marketing. El modelo lingüístico es el de la comunicación impresa: claro y distinto, coherente, progresivo, sometido al principio de no contradicción. Idealmente, claro. Aunque lo ideal es que atraviese las cabezas y se quede allí. Y apenas salga, salvo para persuadir, para conquistar, para prevalecer.

No queda nada de la *paideía* del poeta griego. Del mismo modo en que no queda nada de sus números ni de su comunidad. Bueno, algo queda. Queda en la memoria de los que aman esa cultura, en pequeños gestos, en momentos inesperados, en los poetas que aún sobreviven, en los que todavía creen que la vida es la obra. En una nostalgia, quizá. Pero en general, los consideramos extraños (*xénoi*; tampoco existía la palabra *xenófobo*, otro neologismo). Sin embargo, nos consideramos herederos de Grecia, sus primogénitos. Da la impresión de que hemos retorcido un poco las cosas. Los pitagóricos siempre temieron que sus invenciones acabaran, pensando en las generaciones futuras, en manos de niños. Que las palabras de la filosofía, de la poesía y los números fueran usados para hacer juguetes, artefactos, sin pensar en las consecuencias. Que los usaran los tontos para parecer listos. Temieron poco.

Ellos lo usaron para hacer comunidad. Cantaban y contaban para hacer comunidad. ¿Tan importante es la comunidad? También podría preguntarse: ¿tan importante es estar con otros, comprometerse con otros, contar con ellos, compartir y colaborar con otros?

¿No podríamos habituarnos a estar solos? En ello estamos. Solo se necesita un poco más de tiempo, con pandemias o sin ellas.

En las noches más difíciles del confinamiento he sentido que la atención hacia los objetos que observaba desde la ventana se alteraba. En cierto modo, ellos también ayudaban con sus cambios en la fisonomía.

Era el caso del gimnasio de una conocida franquicia que permanecía abierto las veinticuatro horas del día y que lo anunciaba en letreros y escaparates color turquesa. Apenas en un puñado de ocasiones había visto entrar o salir a gente del local. Y hasta dudaba de que mantuviese el horario de apertura que pregonaba. Pero ahora me parecía un sueño abandonado como una ruina en mitad de la manzana. De veinticuatro horas a ninguna. Cero. La fachada, las luces, los cristales exudaban vacío. Ese vacío yo lo sentía como una presencia más de la calle. No me pasaba con los bares y restaurantes que también estaban a la vista. El motivo es que están cerrados a la hora en que me asomo a la calle y, en cambio, el gimnasio debería de estar abierto.

Pero otros objetos eran los de siempre, sin modificaciones. Y también sucedía algo con ellos. No es fácil de explicar. Era como si la soledad les hubiera prestado un ánima, algo de magia, ahora que ya no estaban esclavizados por la utilidad, por el empleo, por el roce con los seres humanos. El brillo nocturno de las losetas de la acera, alargado y mortecino como un arroyo de plata, el buzón amarillo y solitario en la esquina, el semáforo enviando señales que parecían de auxilio en medio de un desierto, las acacias a unos pocos metros con sus primeras y tremolantes hojas, el nuevo silencio que había desalojado al rumor marino del tráfico de las avenidas y que se escuchaba con más nitidez que cualquier ruido, habían accedido a un rango superior de presencia. Estaban allí, eran mi compañía, eran también los testigos de la desgracia, hablaban y podían mostrar de lo que eran capaces liberados de la servidumbre útil.

Al principio no me daba cuenta de que los observaba con auténtica concentración. Pero pronto noté que me sabía los detalles de memoria y que percibía mínimos cambios —de los que no podía asegurar que sucedieran más allá de mi imaginación—. Pero mientras la mirada se detenía y se fijaba sentía que la atención se volvía sobre sí misma, y que yo la observaba. Yo miraba mi atención. Me encerraba en ella, fascinado. A su vez, los objetos, las ramas, el semáforo o el buzón se animaban suavemente, como si les inyectaran una débil energía que bastaba para que hicieran una seña o un gesto antes de volver a su rigidez. Un temblor, un guiño en el reflejo, un sonido que se escapaba de la monotonía o de lo que cabía esperar remontando en la noche.

No había en ello nada maravilloso ni psicodélico. Al menos, yo no lo sentía así. Lo que sentía es que la vida siempre había estado allí y que solo había hecho falta concentrarse un poco para que apareciese. Entregarle al objeto toda la atención.

¿Era algún tipo de mecanismo compensatorio? El vacío de la vida que faltaba era llenado con la de los objetos que se animaban. Objetos que vivían en un medio humano, que debían su presencia y su existencia a las manos de los seres humanos. De modo que no eran simplemente objetos, sino que en ellos había sido depositada una parte de vida humana en términos de esfuerzo, de concepción, de imaginación, de eficacia, de tiempo. Por tanto, lo que estaba viendo no eran simples alucinaciones ni un delirio de aislamiento. Lo que estaba viendo era lo que había realmente: dedicación humana. ¿Cómo no ver su huella en los reflejos y las luces, en los propósitos truncados, en el florecimiento de lo que había sido plantado, en la energía que destellaba en su ausencia?

El valor de los regalos sigue un criterio parecido. Tiene que ver con el tiempo de vida que se entrega con él. Hay que distinguir un buen regalo de uno simplemente caro. Un huevo de Fabergé es costoso en términos de materiales y en términos de tiempo empleado. Aquí el tiempo y el precio coinciden, o tienden a coincidir. No así cuando un amante poeta nos regala un poema que ha escrito con todo su amor. Probablemente, el tiempo invertido ha sido muy grande, muy intenso, contradictorio, con idas y vueltas, subidas y bajadas, interrumpido, retomado. O cuando los hijos regalan un collage por el día del padre o de la madre. Precio bajo, valor altísimo. Se dirá que en algunos regalos caros, puede suceder lo mismo. Un ordenador lo fabrica una cadena de montaje en un rato y su precio es alto. Pero aquí depende de quién lo regala. Si le ha costado mucho tiempo de su vida reunir el dinero del precio o si lo ha conseguido sin gran tiempo ni esfuerzo.

Tiempo como medida de valor, no tiempo como cantidad comercial. Tiempo como sentimiento, no como concepto. (Este es otro asunto: cuando los sentimientos quieren convertirse en conceptos. Le pasa también a *espacio*, a cuerpo, a las categorías estatales, en general. Agustín de Hipona: sobre esas cosas, cuando nos preguntan, no sabemos, y las sabemos si nadie nos pregunta.)

Sí, puede que compensemos la vida de los otros que nos faltan, porque no podemos continuar sin ella. Puede que Aristóteles fuera más profundo de lo que parece cuando llamó al humano *zoon politikón* (animal de polis, no político profesional).

Es una sensación que también sobreviene en la naturaleza. Tras días de montañismo solitario, el consuelo de encontrar una cabaña o un refugio, luces en el fondo de un valle, una ermita, invernales... Las manos humanas estaban allí, su vida y su trabajo. Cómo no: la comunidad nos da su tiempo para que lo hagamos nuestro. Sin ese tiempo puede que no tuviéramos el que nos pertenece, y que no pudiéramos distinguir entre estar vivos y estar muertos, entre nosotros y lo que no es nosotros.

La soledad y el miedo son pareja. Encontrarse solo es tener miedo. Ser despojado del tiempo que da la comunidad, despojado del lugar en el mundo, desconocer la solidaridad o el amor, estar condenado a aprender únicamente con recursos propios, carecer de experiencias que ayuden en lo desconocido, sufrir los vaivenes de la fortuna sin más fuerzas ni habilidades que las propias, eso es estar solo. Y a la vez, esas son las cosas que dan miedo.

Es verdad que los otros también pueden causar miedo. Pero eso ocurre cuando son extraños en algún sentido, forasteros o seres anómicos dentro de la comunidad. Y, desde luego, cuando no hay comunidad, lo que nos vuelve a todos extraños. Sin comunidad, medran los lobos, los intereses, las expectativas, y su vástago directo: la lucha por el poder. La comunicación que separa en lugar de unir.

¿Es preferible vivir con miedo a vivir con los lazos estrechos, dependientes, a menudo amargos y otras veces crueles, que exige la comunidad? Es legítimo plantear la cuestión. Y denunciar la ilusión que oculta: que nunca llegarán momentos en que nos necesitemos unos a otros seriamente, gravemente. Que nunca va a pasarnos nada. Que oscilamos únicamente entre la inmortalidad y el Estado de Bienestar. Que los virus son amables.

Puede pagarse el precio de morir solos en casa, lejos de la pesadez y los compromisos de la familia o los parientes. Pero lo que hay que preguntar es si se quiere pagar el precio de una vida con miedo, cuya estructura alimenta el miedo, cuya comunicación es la del miedo.

No podemos volver a la comunidad antigua, el tiempo es irreversible: el tiempo personal y el colectivo. No hay marcha atrás. Pero se puede avanzar en una dirección o en otra dentro de lo que ya somos y de lo que hemos hecho. Podemos aprender de lo que han hecho otros y de lo que estamos haciendo nosotros.

Los griegos sabían que necesitaban la comunidad para sobrevivir, una comunidad integrada, una comunidad como un cuerpo. Si el poeta era el sabio, el trágico era el sacerdote de la nueva religión civil, de la religión de los ciudadanos de la polis. La tragedia ática se dedicó a exponer, dentro del marco general de la *paideía*, los conflictos que atravesaban la convivencia y a subrayar la ambigüedad de eso que llamamos soluciones cuando nos enfrentamos a los grandes dilemas de la vida. ¿Qué lugar ocuparían los dioses en las nuevas instituciones ciudadanas? ¿Y los viejos héroes del mito? ¿Era conveniente que los ciudadanos creyeran en héroes y dioses? ¿Qué sucede cuando una ley civil se enfrenta a una ley natural, cuál predomina? ¿Se sentían culpables por haber abandonado la religión y las creencias de los padres, de los antepasados? Preguntas con más de una respuesta, contrarias y verdaderas a la vez, ambiguas. La ambigüedad no es blanco o negro, o blanco y negro, sino que el blanco es a la vez negro y el negro, blanco. Los seres y las situaciones ambiguas son lo que son a la vez, no ahora esto y luego lo otro, sino ahora esto con lo otro.

La tragedia inventó para la democracia la definición de ciudadano: alguien que reflexiona sobre sus actos. Esta consciencia sobre lo que se hace debe sobreponerse a pasiones e intereses. Y también inventó que la realidad tiene zonas opacas, en las que las palabras no sirven, en que la comunicación es imposible. Cuando Aristóteles estableció que el conflicto era la estructura de la sociedad civil estaba siguiendo la pedagogía de los trágicos. Estamos condenados a ser reflexivos y a perseguir el bien, pero las soluciones son con frecuencia, por no decir siempre, ambiguas, y la realidad muestra zonas opacas, intransitivas.

¿Merece entonces la pena ser tan reflexivo? La respuesta ha de ser afirmativa, porque al aceptar las cosas como son, se vuelven soportables, eliminan el resentimiento, la violencia y muestran el camino del pensamiento, de lo que hay que pensar, cómo pensarlo y con quién pensarlo. La polis no es más que el diálogo que emana de esta visión de las cosas. Y hubo polis mientras subsistió este diálogo, mientras las preguntas unieron a los ciudadanos como antes había unido el mito. La exaltación de la razón y de la ciencia es también resultado de lo mismo. De la forma de ser ciudadano.

La comunidad griega impulsó la *paideía*, y la *paideía*, sobre el fondo de sabiduría de la poesía, produjo la tragedia, la filosofía y la ciencia. No es extraño que su máximo exponente y la mente más original de la historia del pensamiento fuera en su juventud un trágico, se dedicara más tarde a la filosofía dialéctica y en su academia no dejara entrar a quien no supiera geometría. Y que su gran obra fuera un estudio pormenorizado de cómo organizar una comunidad en armonía, ideal, pero no irreal, que partía de una educación igual para todos, pero cuyo objeto era mirar en el alma las diferencias individuales: Platón y su República (*Politeía*, en realidad).

La comunidad es lo que se hace contra el miedo. La creación, la ciencia, la forma de organizarnos y de colaborar, de fundar instituciones para afrontar los conflictos tienen valor por sí mismas, tienen valor mientras las hacemos. Y lo pierden cuando se ponen a las órdenes del progreso y se convierten en soldados de ideales que no han nacido de una comunidad de ciudadanos libres. Entonces, igual que antes nos quitaba el miedo, ahora lo produce.

No nos unirán nunca los ideales ni los objetivos ni el fin del progreso técnico, cada uno que elija lo que quiera dentro de esta lonja en la que esos artículos y los derivados se subastan por carretillas. Lo que une es el diálogo, la convicción de que el otro va también en busca de una verdad por principio escurridiza, de que es sincero en su búsqueda, y de que la realidad no va a ayudar mucho. Tenemos que ponernos de acuerdo en lo que nos falta, no en lo que queremos. Lo que queremos es fuente del conflicto. Los deseos no fundan comunidades ni hacen habitables las sociedades. Cada uno debiera guardar esos demonios en casa y en un sitio al que no alcancen los niños. La comunidad la funda lo que falta, lo que hace daño, lo que nos han quitado o nos estamos quitando a nosotros mismos.

Y el diálogo es también lo contrario del deseo, porque el diálogo es lo contrario de desear tener razón.

Hace unos días, y en uno de los paseos nocturnos con la perra lenta, me quedé delante del escaparate de una tienda que se anuncia como Perfumería y Regalos Toñi. Ignoro cómo ha podido sobrevivir en los últimos años flanqueada por dos bazares chinos, que a su vez deben de haber decidido competir entre ellos. A lo mejor no ha sobrevivido y la mujer que lo regenta, de unos sesenta años, agradable y despistada, es simplemente un espectro. Tampoco es que sus artículos difieran mucho de los que venden sus competidores orientales. Muñecos, joyeros esmaltados, abanicos, bisutería, mochilas con reloj, pintaúñas, chales. En fin, misterios de la supervivencia. Un día estuve buscando por todo el barrio un prisma óptico para enseñárselo a mis hijas y lo encontré allí. Cómo se me ocurrió buscarlo en ese sitio es una pregunta que aún me inquieta.

A falta de nada mejor que hacer y mientras la perra tomaba la decisión de hacer pis, algo que entre olisqueos, giros y demás, dura lo que un consejo de administración mediano, me quedé mirando las baratijas, y hasta me pareció que establecían un silencioso diálogo entre ellas, abandonadas en su confinamiento de escaparate. Me acordé de un amigo coreano, Lee Kilsoo, médico, al que no veía hacía tiempo, con el que daba largos paseos y al que apasionaban los grandes almacenes. Si en nuestro camino encontrábamos un Corte Inglés o similar, cambiaba el rumbo de inmediato y se metía en el supermercado, bajaba y subía unos cuantos niveles y volvía a aparecer en la calle para continuar el paseo. Yo le seguía, a pesar de que las grandes superficies nunca me han parecido un lugar de recreo. Lee disfrutaba. «Mira cuántas cosas, cuánta energía, cuánta gente haciendo cosas. La mercancía transmite fuerza, la fuerza de las manos, de la imaginación. Y aquí estamos rodeados por cantidades enormes de esa fuerza. Me relaja, es mejor que un baño de algas.»

Reconozco que en esa época aquel rasgo de Lee me parecía típicamente oriental —dentro de la idea de lo oriental que tenemos los países turísticos—, con el deslumbramiento por todo lo que brilla y la pasión por el consumo impulsivo.

Ahora, en cambio, frente al escaparate de la tienda de regalos me pareció que las cosas hablaban. Hablaban de los seres humanos que las habían hecho, que las habían mirado, de la persona que las había elegido y dispuesto en ese orden siguiendo una idea. No había muchas cosas a las que prestar atención en este tiempo, así que era mi atención lo que les infundía una condición nueva.

Era un consuelo pensar que los objetos que nos rodean no están muertos, que cuentan historias y que nos transmiten ideas que flotan en el aire. Y que de ese modo siguen vivos aquellos que los hicieron, los pensaron, incluso los tocaron. Siguen entre nosotros, ocupándose de nosotros, cuidando de nosotros.

Sunt lacrimae rerum, escribió el maestro Virgilio. Las cosas tienen sus lágrimas. Desde luego, pero sus lágrimas no les pertenecen del todo: también han sido las nuestras.

EROS CONFINADO, BIOPOLÍTICA

Desde hace unos días, estamos en lo que han llamado oficialmente «desescalada». Al parecer, en vez de bajar a los infiernos, habíamos subido. Así que lo anterior fue una escalada. Puede ser. Los pitagóricos consideraban que la entrada al Hades estaba en la boca de los volcanes, como el Etna, en Sicilia, un trecho para arriba. El año en que subimos a los infiernos, dirán nuestras memorias.

Entre las seis y las diez de la mañana se puede hacer deporte fuera de casa. Yo salgo a las siete y ya me encuentro con una multitud que atesta las aceras, el carril bici e incluso la calzada. La mayoría disfrazados de atleta y también, a juzgar por el porte, de exatletas.

El primer día me sentí en un estado de forma regular, pero no malo, quizá por las sesiones *indoor* con las que me había castigado en los dos meses de confinamiento. De todos modos, antes de la media hora de carrera me puse a andar. Todo me dolía un poco, un dolor suave, una advertencia a distancia. Era una mañana soleada y ya hacía calor. Trataba de evitar las sorprendentes aglomeraciones que aparecían por todas partes. En Reina Victoria giré hacia Guzmán el Bueno, que en apariencia estaba bastante más despejada. Hay unas cuantas manzanas en esa zona que me recuerdan a Berlín, la geometría colorida de los edificios, los patios con jardines, la fachada modernista de un par de sedes oficiales. Durante unos minutos tengo la sensación de estar lejos de Madrid y es una sensación increíblemente placentera. Estar en otra parte. En realidad, esa otra parte es la de los recuerdos de Berlín. Estoy paseando por mis recuerdos.

A los pocos metros me crucé con un hombre de cincuenta y tantos que llegaba por la misma acera, en chándal y hablando por el teléfono móvil. Al pasar a mi lado, dijo:

—Venga, hombre, aunque solo sea un café. Con un café me conformaría.

Fueron sus palabras exactas y no tuve duda de que eran una súplica. El tono no era de queja, sino de lamento. Frases dichas en semitono, diluyéndose al final. ¿A quién se le puede rogar un simple café? ¿A quién se le puede decir que con un café me conformaría? Hay demasiadas opciones, ciertamente, todas relacionadas con algo que se ha roto, con un deseo de reanudar.

La soledad de un suplicante. Con un café me conformaría. Desde luego, el contexto inspira ciertas interpretaciones, ciertas emociones. Mucha gente ha pasado estos dos meses herméticamente sola. Y a alguno de ellos resulta que le ha llegado la hora de salir y no ha encontrado con quién hacerlo, a quién ver, con quién tomar un café (en alguna máquina pública, supongo, porque la hostelería sigue cerrada).

Solo un café, o sea, nada. Ni grandes acciones, ni grandes lapsos. Solo ver al otro, estar. Cuando el otro nos dirige la mirada, nos observa atentamente, escucha, está ahí solo para nosotros, nuestra existencia se concentra, sentimos su intensidad, y luego la conciencia la expande y la distribuye a otros seres, a otras cosas, a otros acontecimientos.

Estamos vivos cuando nos sentimos ser (*aísthesis*). Y cuando nos sentimos ser con otro —de ahí, consentimiento—, esa sensación de que estamos aquí, de que nuestra vida existe, llega al punto de ser acariciada por una especie de inmortalidad (*ékstasis*). Este es el argumento —girando alrededor de la amistad (*filía*)— que puede encontrarse en la *Ética a Nicómaco*, de Aristóteles.

En el extremo está el amor de los amantes, el sentimiento erótico. El amor que busca su eternidad y que la encuentra durante instantes que perforan las capas del tiempo.

Un café. Me conformaría con un café. Me conformaría con sentir que estoy vivo, aunque fuera un momento. Con algo de amor, del que sea, no voy a ponerme puntilloso. A ti no te cuesta nada y a mí me va la vida en ello. ¿O es que no entiendes de qué va todo esto? ¿De qué ha ido todo este confinamiento?

Pues bien, ha ido de que el amor ha sido arrebatado, la mirada, el sentimiento de existir. Ha sido necesario perderlo, había un acuerdo sobre eso. Lo que pasa es que no todos se han dado cuenta. Algunos piensan que les han quitado el trabajo, los ahorros, las fiestas municipales, la movilidad, los bares, el encuentro con amigos o familiares. Pero nada más. Nada que no se pueda recuperar con largas y duras jornadas de trabajo, con disciplina afectiva y horas de dedicación. Quizá no se hayan dado cuenta, porque hace ya tanto tiempo que nos lo quitaron, que no se echa de menos. Pero algunos sí se están dando cuenta ahora. Ahora que se ha visto al amor dar la espalda cuando lo llamaban.

Sigmund Freud pensaba que el amor era una religión institucional y que contrarrestaba la violencia del Yo, sometía las pulsiones y allanaba el camino a la renuncia, a las muchas renuncias que hay que hacer para vivir en sociedad. Al fin y al cabo, la historia de los individuos repite la historia de la humanidad: un largo camino hacia la resignación razonable. Pero se refería más bien al amor indiscriminado, al amor al prójimo, a esa clase de amor que está entre la empatía y la solidaridad, que permite cierta gradación, desde la caridad al sacrificio. No tenía en mente el amor-pasión, esa libido sexual que mueve montañas y deja tantos seres dichosos como cadáveres a su paso.

Carl G. Jung escribió que el amor es el encuentro entre el Yo y el alma. Una manera de dirigir la fuerza del Yo a la búsqueda de la emocionalidad profunda y, por tanto, de canalizar una energía potencialmente destructiva hacia dentro y hacia fuera. A la inversa, el alma se beneficia de una fuerza sin la cual no materializaría sus impulsos, sus visiones. Ecos del mito platónico del auriga y de los gnósticos.

En cualquier caso, el amor se sujeta mal a definiciones, aunque, para ser justos, muchas veces no aspiran más que a orientar un poco en el laberinto que atraviesa la oscura carne del deseo. Son útiles, forjan imágenes que luego, tal vez, reconocemos en la experiencia. O hacemos que la experiencia se parezca a ellas, lo cual proporciona una dosis de tranquilidad ante la incertidumbre de la entrega.

«Todos estamos demasiado solos, todos tenemos demasiado miedo y todos necesitamos una confirmación exterior de que merecemos existir», sentenció Ford Madox Ford, constatando una evidencia empírica, una herida del ser humano. El amor que cuida, el amor que cura. Ningún sentimiento domina como el amor el arte de la ilusión. Viene a curarnos esa herida con la que nacemos, ¿cómo podía ser de otra manera? Cuando no lo es, cuando el amor no arregla nada, cuando el amor falla, la ilusión no desaparece. Hace el cerco más estrecho o nos arroja a la melancolía. Duele en el alma.

Todos los seres humanos comparten el dolor de estar solos y con miedo, y de esperar la demorada confirmación de que su vida merece la pena. Desde muy temprano, desde que nos asomamos a la vida, la vida cuesta. Hay un momento, muchos, en los que no nos importaría desaparecer. Demasiados mandatos inconexos, demasiada obediencia a cosas incomprensibles, demasiada autoridad y poca libertad. Hasta que el placer erótico aparece en el horizonte. Si hay suerte, se produce el contrapeso. El deseo de evaporarse se debilita. Los psicólogos han hablado de Tánatos y de Eros, de instinto de muerte y de instinto de placer. Sabina Spielrein fue la primera en afirmar que nos inclinamos a la muerte tanto como a la vida, y que el deseo de vivir no es el emperador de los instintos. Desde la más tierna infancia construir ese equilibrio es la tarea que nos enseña además qué lugar ocupamos entre los otros, qué clase de seres somos, cómo nos vemos y nos sentimos. Pero siempre estamos caminando por el filo de la espada.

los nombres del amor

Sin Eros estamos muertos, queremos la muerte. Sin el amor, sin la presencia de otros en nuestra vida con su mirada, sus palabras y sus caricias, vivir es una sucesión de circunstancias contadas por un suicida. Nuestra necesidad de cualquier correlato del amor está en el alma que compartimos. Puede que, como las hadas, tengamos una única alma para todos y que su soplo haga que nos ricemos como se rizaban las aguas con el soplo de Elohim. Las mismas aguas, los mismos soplos.

Las penas de la vida suplican a los dioses del amor, hay muchos. Todos parecen omnipotentes o indiferentes. Pero al menos podemos nombrarlos y de paso conocernos un poco más, pues esos dioses los llevamos dentro, hasta que se liberan de nosotros y nos arrastran.

En Grecia, había dos que dominaban las violentas peripecias del corazón. Afrodita y Eros, madre e hijo. No se llevaban especialmente bien. Ni siquiera se parecían físicamente. Ella era bella y terrible cuando entraba en danza. Él era voluble y caprichoso, con aspecto de niño, siempre niño. Ambos podían ordenar la dicha y el castigo que, a veces, consistían en la misma cosa, el amor.

En realidad, los amores griegos son crueles, no faltan parricidios, venganzas contra los hijos, amantes despechados que se convierten en asesinos, esposas abandonadas después de sagradas promesas y convertidas en concubinas. Fedra e Hipólito, Deyanira y Heracles, Teseo y Ariadna, Jasón y Medea. Una especie de *terribilità* los acompaña. Se dirá que Paris y Helena fueron felices..., mientras duró, y menudo final. Sin embargo, es una unión que nace de un pecado capital en el mundo griego: traicionar la hospitalidad. Paris rapta a Helena en la casa de su anfitrión, a la postre su esposo. Un amor feliz que peca gravemente contra lo más sagrado y que concluye con la destrucción de una gran ciudad y la muerte y el éxodo de sus habitantes. Para que dos se amaran durante un cuarto de hora un pueblo desapareció inmolado de la Historia. Podrá decirse también de Odiseo y Penélope, un amor cuya bondad no se discutirá. Veinte años separados. Para Penélope veinte años de suplicio, acosada por los pretendientes, ignorando el paradero de su esposo al que empieza a dar por muerto. Humillada e impotente, mientras saquean su hacienda y su hijo vaga por el mundo buscando noticias del padre. ¿Y Odiseo? Ni siquiera sabe cómo volver. En el viaje de regreso se ha enemistado con medio Olimpo. Ha tenido líos eróticos y chanchullos por donde ha pasado. No sabe quién es. Y estos dos, Penélope y Odiseo, son los que van a reemprender su vida juntos como si no hubiera pasado nada. En fin, estamos obligados a desearles suerte.

En el mito, en la épica y en la tragedia el amor es un asunto fiero. Es una fuerza de la naturaleza desatada, indiferente al corazón humano, arbitraria, cuya principal actividad es la destrucción.

En Hesíodo, Eros es uno de los dioses primordiales. También lo dice Parménides. Y Fedro, en *El banquete,* se apoya en ellos, para argumentar en el mismo sentido. Es lógico que esté al principio de todo: tiene que fecundar, la naturaleza tiene que producir las especies, los dioses y los titanes aún tienen que nacer. Y los hombres.

Platón lo trata de otra manera, lo civiliza en el intento de entenderlo y de ponerlo al alcance humano. Eros forma pareja con su madre Afrodita. Son dos clases de amor: el amor de lo que permanece y el amor de lo que cambia. El amor de las cosas del alma y el amor de la belleza física. ¿Qué amamos en el otro? Amor de Eros, de la virtud y de la sabiduría, o amor de Afrodita, de la carne y del cuerpo. Elegimos con cuál nos quedamos. Aunque no es fácil elegir: hay que poder. No es tan fácil descubrir en el otro lo que permanece, si uno no lo ha aprendido antes de alguna manera.

Los griegos tenían un diccionario solo para el amor. *Agápe,* para el amor que se da porque sí, sin esperar nada, ni siquiera correspondencia. No hay ningún Yo fastidiando la escena, ninguna vanidad, prueba o contraste. A nuestras lenguas romances ha llegado a través del latín *cáritas,* cuyas connotaciones hacen imposible la equivalencia con el griego. *Agápe* es amar sin pensar en mí, un amor más allá del amor, un amor en el que estamos o podemos estar con todo nuestro ser, pero sin las cadenas temporales o terrenales. *Storgé,* el amor paternal, esa clase de ternura y de afecto que inspiran los lazos familiares. Un amor por el que se daría la vida, que nos descubre que estamos siempre en segundo lugar de las prioridades. Primero, el hijo: eso es lo que aprenden el padre y la madre, lo que aceptan de buen grado. Es un amor que no existe siempre, por supuesto, pero cuando se da produce la mayor de las ternuras. Es otro tipo de caricia, como si alguien leve y cálido nos abrazara en la vigilia y en el sueño. Nunca estaremos solos, es un amor que forja memoria, que vive eternamente en el recuerdo y que viajará con nosotros cuando llegue la hora de partir. *Filía,* la amistad. Tan poderosa como Afrodita o Eros, pero sin la compensación carnal. Puede haberla, pero no la implica o la implica de otra manera. No se la espera, en todo caso. Y por eso mismo afirma Platón en el *Lisias* que es incluso superior al amor, pues se da por una inclinación mutua que no obtiene la alta compensación del vínculo erótico. ¿Y cuándo se da? Cuando ambos leen en el alma del otro la semejanza que les une. Son dos almas mirándose y sorprendiéndose de que buscan lo mismo, hablan la misma lengua, dan valor y desprecian las mismas cosas. Es importante para Platón, que trata de colar la amistad entre los elementos del amor erótico. Al fin y al cabo, el lazo que establecen dos almas que son semejantes, a las que une la pasión de la amistad, tiene por fuerza que ser duradero. Eros está en el maestro, Eros está en el alumno.

Mientras «escalábamos» el infierno, mi mujer empezó a ocuparse de cosas silenciosamente. Señalaba actividades que todos podíamos llevar a cabo estando juntos, pero no hizo un programa ni dictó horarios. Digamos que espolvoreó posibilidades en la atmósfera. La mayor parte de ellas se realizaron espontáneamente, en momentos que podríamos llamar de confluencia, como si nos encontráramos por casualidad en una ciudad extraña, después de haber llegado a ella por separado. De haber existido una planificación o haber sido estrictos en la ejecución, el resultado habría sido un sentimiento de reclusión agudizado, pues todo lo que hubiéramos hecho nos habría recordado que lo hacíamos para hacer más soportable el encierro.

Creo que solo el amor es capaz de infundir a la vez la inspiración para la acción y la libertad para llevarla o no a cabo. Por un lado, da fuerza y por el otro, deja escoger. Nunca te sientes más audaz ni tampoco más dueño de tus elecciones.

Finalmente, todo sucede. A veces, no es lo que se ha pensado, sino algo distinto. Otras, no cumple la misión que se esperaba. Otras, se abandona a mitad de camino. Pero sucede. ¿Qué es lo que sucede? No tiene demasiada importancia. Quizá lo único que sucede es el amor, la sensación de fuerza y de libertad al mismo tiempo.

También creo que ese sentimiento incluye todas las clases de amor en que pensaban los griegos. El lazo erótico profundo y permanente, la belleza deslumbrante y escurridiza, la empatía o la compasión, el deseo del bien ajeno por encima, si fuera necesario, del propio, la ternura, la sensación de que podías leer en cada momento en el alma de los que están contigo..., todo eso sucedía como una sola acción: en la cama con mi mujer, viendo a las niñas bailar, estudiando con ellas cada día, haciendo las tareas de casa, en las largas conversaciones cuando alguno decaía.

No podría haber distinguido las variedades del amor, pues en cada momento lo carnal era espiritual, lo precario era permanente, la amistad era excitante, la enseñanza era ternura y compasión, las almas eran cuerpos. Y viceversa, claro.

La fuerza y la libertad encarnan en Platón el deseo de conocimiento. Cuando se apodera del ser, es la más poderosa y permanente de las inclinaciones humanas. Por tanto, en el amor de Eros, el amante se enamora del conocimiento a través del amado. En realidad, no pueden distinguirse y poco importa. El alma se enamora de la sabiduría. Es difícil encontrar un objeto de deseo más estable.

El juguetón Eros, el caprichoso flechador, el niño voluble instila ahora un deseo que rebasa el deseo de conquista, de posesión, de satisfacción. Es un deseo que, por definición, no se satisface. Que se alimenta de sí mismo, pues a mayor conocimiento, más deseo de saber. Cuanto más se avanza, más se aleja la meta, más adentro se clava la flecha del nuevo Eros, que abandona su primitiva apariencia de dios primordial y de chiquillo gamberro que juega con los sentimientos de la gente para convertirse en *daímon*.

Daímon, lo divino, una palabra que siempre está en boca de Sócrates, pero que para él es el nombre de algo interior, una voz que le dicta. Él escucha a su *daímon*, no hace otra cosa. Más que decirle lo que tiene que hacer, le dice lo que no tiene que hacer. Es una voz que habla desde la negación. Es una intuición de los malos caminos, de los errores, esas equivocaciones que se cometen a sabiendas, aunque luego digamos que no lo sabíamos en absoluto. Ambas cosas son verdad, porque lo sabíamos y no lo sabíamos. Sucede que a veces no nos paramos el tiempo suficiente para escucharla. Sócrates sí se paraba, todo el rato.

Al igual que el *pneúma* de la palabra, es algo que parte del cuerpo a encontrarse con algo más grande afuera. La palabra y el espíritu, la voz interior y el cosmos divino.

En resumen, estamos ante algo intermedio (*metaxý*) que comunica lo humano y lo divino. Y resulta que Eros acaba siendo un *daímon*, un ser intermedio. No es exactamente un dios, no es exactamente un humano. Es como el conocimiento y el amor: no son plenamente nada, no lo saben todo, ni se satisfacen de una vez por todas. ¿Quién ama y conoce como un dios? Pero ¿quién cuando ama y conoce no siente el contacto de lo divino?

la dramaturgia del deseo

El conocimiento y el amor, ese, como se sabe, es el tema de *El banquete*, aunque también podría decirse que hay otros temas de envergadura. El bien, la belleza, la virtud... Creo que los temas no son tan importantes en la reflexión platónica como pretende en ocasiones la pedagogía filosófica. La reflexión platónica es sobre todo una lección de método. El *cómo se hace* es más relevante que el *qué se dice*. La disposición de los personajes en la escena, cómo hablan, las relaciones entre ellos y el desarrollo de la acción cargan con el sentido del diálogo (*diálogos*, a través del logos). Dicho de otro modo, aparte de los conceptos y los discursos, hay que leer la dramaturgia, el arte de poner en escena: qué personajes, qué relación mantienen, como progresará la acción con lo que cuentan y hacen, por qué están ahí, etc. Después de todo, Platón quería escribir tragedias y acabó alumbrando un método filosófico basado en el diálogo de personajes y en el que ni siquiera faltaba el coro, que en su caso fue la ciudad de Atenas al completo. Solo que en esta ocasión el coro acaba matando al protagonista.

En otros diálogos, se aprecia también esta función crucial de la dramaturgia en la obtención de sentido y en la lectura que exige. En el *Fedón*, como ya hemos visto, ante la inminencia del momento en que Sócrates ha de tomarse la cicuta, los discípulos muestran su tristeza. Un rato antes, Sócrates ha pedido que acompañen a Jantipa, que ha ido con el hijo pequeño, fuera de la estancia: no soporta sus lamentos. El diálogo es un profundo y generalizado consuelo, explica cómo se hace y con qué. Sí, la eternidad del alma, la misión de la filosofía, la dicotomía alma/cuerpo, son temas que también están allí. Pero han de ser leídos e interpretados a la luz de los elementos del drama. En el *Fedro*, Sócrates y quien da nombre al diálogo salen de la ciudad a dar un paseo por el campo. Fedro lleva un discurso escrito y escondido bajo el manto. Se lo ha aprendido de memoria. Se sientan bajo un plátano en un día caluroso. ¿Por qué salen de la ciudad a una campiña que Sócrates detesta? El tema explícito apunta a los daños y beneficios del amor. Sin embargo, en la puesta en escena, la escritura y la memoria se erigen en el verdadero problema. ¿Debe la escritura ser expulsada de la ciudad, precisamente por lo que esconde, precisamente por lo que debilita la función del diálogo, esencial en democracia? En Platón, es la dramaturgia la que expone el tema, no la discusión filosófica.

Finalmente, la discusión filosófica nunca llega muy lejos. Al menos no tan lejos como para que las cosas queden claras. En realidad, el efecto, la catarsis que busca Platón estaría en el sincretismo —difuso— de la gran pregunta que formula la dramaturgia y las pequeñas respuestas inacabadas que ofrece la disputa filosófica. Y ahí, de nuevo, se encontraría con la tragedia: una sublime ambigüedad de todo, solo salvada por la disposición a nombrar y a compartir las dificultades, a representar en el mundo de las emociones aquello que si no sale a la luz, pudre el espíritu.

El montaje escénico de Platón en *El banquete* es solo sencillo en apariencia, una reunión de amigos, un simposio para celebrar la victoria de una tragedia de Agatón. Para empezar, va a suceder en varios planos de tiempo. De hecho, la historia del encuentro va a ser contada muchos años después de que sucediera, por alguien que entonces era niño, Apolodoro, y que la ha recibido de alguien que la presenció. A su vez, se la contará a un amigo que cree, en cambio, que sucedió hace poco. Más tarde, en pleno desarrollo del diálogo, cuando parece que Sócrates va a dictaminar sobre la belleza, o sobre la virtud, o sobre algo, aparece el recuerdo de Diotima, su maestra, y de lo que aprendió de ella sobre el amor. El resto de la obra ocurre en presente, en un presente que es pasado, así como el pasado está en presente, pues se trata del relato que ahora está haciendo Apolodoro.

Por otro lado, el propio diálogo se compone de escenas de género distinto y de acciones interpuestas. No es un mero intercambio entre comensales, en busca de la verdad y ayudados de cráteras rebosantes de espeso vino griego. Como hemos dicho, comienza con alguien que le cuenta a otro alguien algo que alguien de más allá le contó. Es decir, cuenta de segunda mano a un tercero, que probablemente lo contará de tercera a una cuarta. Y así sucesivamente. ¿Debemos creerle? ¿Tiene alguna autoridad sobre lo que narra?

Quizá lo que se nos está pidiendo ya desde el principio es que no seamos muy meticulosos con los hechos. No digamos con lo que se dijo rigurosamente. ¿Quién podría haberlo recordado con exactitud? Se va a contar algo y con eso basta. Será importante, entonces, sacar las oportunas consecuencias en lo que se refiere a lo que estamos buscando desde el punto de vista filosófico. O contenidos conceptuales precisos o lección de método. Hay que decidir.

Según la narración de Apolodoro, que un tal Aristodemo le ha contado, cada uno de los invitados hizo un discurso por turno. Luego, llegó el de Sócrates y Sócrates lo primero que hizo fue rechazar los discursos como forma de llegar a la verdad; en concreto, rechazó el encomio (*enkómion*), ese arte grandilocuente que se deja llevar por las palabras. Luego, empezó con su archifamosa mayéutica, preguntas y respuestas hasta que cae el velo de lo falso. Cuando parecía que llegaba algo realmente crítico, se acordó de Diotima y entonces el dialéctico se transformó en fabulador o, como se diría ahora, en imaginal. Diotima apunta a un lugar donde la mitología y la metafísica se confunden: no hay plenitud en esta vida y, por tanto, no hay que buscarla en Eros, amor práctico y dios a la vez. Viajamos al mundo de los seres intermedios y no costará ya mucho saltar desde allí al de las Formas, al de la sustancia de todo. No al fin del mundo, sino al fin del cielo.

Habrá otras dos conclusiones interrumpidas. Acercándose el final del diálogo, irrumpe en la reunión Alcibíades, un antiguo enamorado de Sócrates, bastante ebrio. Se enzarzan en una disputa de celos. Aún más cerca del final, una pandilla de juerguistas ve abiertas las puertas de la casa de Agatón y entran a continuar la fiesta. La noche se acaba, Sócrates marcha de empalmada a hacer su rutina de cada mañana. Mientras, el lector se sorprende de no poder llevarse ninguna de esas conclusiones que le permitan pensar que ha empleado el tiempo en algo provechoso o que le ayuden a mantener conversaciones solventes sobre el asunto. Con el conocimiento más vale acostumbrarse a salir chafado.

Creo que los beneficios hay que enfocarlos de otro modo. De muchas maneras, la dramaturgia del diálogo ya nos dice qué es lo que no debemos buscar ni esperar.

Son otras cosas las que llaman la atención. Vamos a prestársela. En primer lugar, los discursos. Pertenecen a géneros diferentes. El de Fedro podría ser una exégesis religiosa. El de Pausanias, una reflexión existencial. Erixímaco es un médico, Agatón es un poeta y Aristófanes es un satírico con vena fabuladora. Lo que dicen va con el personaje, con el lugar que el personaje ocupa en la sociedad: sus encomios son menos espontáneos de lo que parecen. En el fondo, representan, de grado o por fuerza, a la sociedad en la que viven. Tampoco parece que les moleste mucho.

Da la impresión de que entre ellos se escuchan sinceramente y de que no les molesta ni el cambio de clave ni las opiniones contrapuestas. Siempre nos quedaría la duda, por supuesto. Es tarde, está circulando el vino y no parece que sea la clase de personal que se encuentra cómodo cuando se apea del pedestal: trágicos, filósofos, poetas, médicos...

Pero la duda, por una vez, la resuelve Sócrates. Él demuestra que todos escuchan, que lo que va a pasar a continuación ha dependido precisamente de la escucha. Los argumentos que se dispone a esgrimir para disputar con los amigos no son originales: son de los amigos. De Fedro toma que el amor nos hace mejores; de Pausanias, que hay varias clases de amor; de Erixímaco, la carencia de lo bueno y la atracción de los opuestos; de Aristófanes, la búsqueda de la completitud; de Agatón, los límites del lenguaje para hablar del amor. En total, la teoría platónica del amor (algo diferente de la que cantan las coplas).

El amor es conocimiento y el conocimiento es amor. El amor atraviesa como el conocimiento verdadero. El conocimiento es una ampliación de la experiencia y un desafío como el amor. Hay momentos en los que no se distinguen. En ambos la estructura es erótica. Sin atracción por la vida, sin deseo de fundirse con ella, de tocarla y beberla, no hay conocimiento. Ni amor. Al final, el lugar de residencia es el mismo: el corazón. El *noeín*, el saber intuitivo, lo que se sabía sin experiencia, ¿qué era sino el pensamiento del corazón? ¿Y no es el corazón donde nos tocan cuando nos enamoramos? Parménides baja al Hades con el corazón a descubrir el pensamiento del corazón. Héroe y filósofo. *Foné d´ árrektos, hálkeon de moi étor*: una voz indestructible y un corazón de bronce. La expresión, en el canto II de la *Ilíada*, forma parte de una invocación a las Musas de olímpicas mansiones para que el poeta no se equivoque al recordar las naves y pueblos que combatieron en Troya. Así que vale para los que necesitan a las Musas y vale para los que tienen que luchar.

Solo falta Eros. Pero ya hemos visto que *héros* y *éros* son prácticamente la misma palabra. Hay también semejanza en la idea: pertenecen al género de ampliación de la experiencia. Pertenecen al género de desafío a la vida, cuya iconografía es la del guerrero y la del *koúros*.

Ese es el fondo de la teoría platónica del amor. En la *República*, el guerrero, el filósofo y el enamorado serán los materiales con los que se construirá la ciudad ideal (pero no irreal).

Acabamos de ver de dónde sale: de escuchar a los otros, de estar con los otros.

Da igual que queramos hablar del amor o de que queramos practicar el amor, de que nos empuje al conocimiento o a la desesperación, porque lo que el diálogo *El banquete* afirma con su dramaturgia es que ni una cosa ni otra pueden hacerse en soledad. Sabemos que aislados unos de otros no podrían practicar el amor. Ahora también sabemos que no habrían averiguado nada sobre el amor si cada uno se hubiera quedado en casa.

La epistemología platónica está enunciada en la *Carta VII*: ponemos nombre al objeto de pensamiento y discutimos; lo definimos y discutimos; nos hacemos una imagen y discutimos; nos aproximamos al conocimiento del objeto y discutimos... Luego, vuelta a empezar. El objeto adquiere realidad en el pensamiento a través de estas idas y venidas, de las correcciones continuas, del diálogo permanente.

Volviendo al presente, se diría que durante la etapa de confinamiento no fue únicamente interrumpido el amor, sino también el conocimiento del amor y el conocimiento en general. Era un aislamiento y, por tanto, un atentado contra la forma en que los seres humanos conciben el crecimiento y la experiencia. Se dirá que muchos se quedaron en casa con sus parejas o cónyuges. Y a eso puede contestarse que ese amor también sufre de la falta de campos de experiencia, de la ausencia de relaciones con otros, de los campos de acción que han sido restringidos. De ese modo, la vida en pareja o en familia puede convertirse en un tormento, en un encierro psicológico, si no se toman medidas. Paradójicamente, para centrarse en un único objeto necesitamos un universo de objetos. Para amar a un ser humano necesitamos muchos seres humanos, para poder mirarle con amor necesitamos poder extender nuestra mirada sobre un mundo dispar. Necesitamos movernos para quedarnos quietos. Necesitamos paisaje para saber dónde vamos a construir nuestra casa.

Solos o acompañados, pero aislados de la búsqueda y de la experiencia general, el conocimiento se interrumpe y poco a poco se ahoga, Eros se interrumpe y se ahoga. No mucha gente prestó atención a este hecho. Los maestros y la enseñanza percibieron el peligro, las secuelas de la interrupción. Algunos las percibieron únicamente en la pérdida del año académico y fue la tónica general. Pero otros también percibieron que el corte podía ser más profundo y herir el crecimiento personal. El aislamiento no solo produce daños en los cartílagos y tendones de los niños a partir del segundo mes, también daña articulaciones más sutiles en la forma en que la mente ordena el mundo. Daña el Eros de la vida.

Los maestros, quizá. El resto se dedicó a repartir cifras ininteligibles sacadas de una base de datos aleatoria. Y de nada más se ocupó seriamente, gravemente. Se corría el peligro de una herida psicológica, pero también el de una herida política.

El confinamiento del cuerpo es algo tan extremo que solo puede ser decretado a través de un estado de alarma (algunos dicen que de excepción y que no se siguió la ley). Tiene que estar enormemente justificado y enormemente compensado, tanto psicológica como políticamente. No lo estuvo ni en un aspecto ni en el otro. Dio la impresión de que aceptaríamos la orden como gente acostumbrada, como gente sin Eros, como gente que no necesita de los otros para emprender sus búsquedas de conocimiento. Queremos ligar y queremos títulos, a eso al parecer ha quedado reducida la cosa, y así pareció entenderlo el Gobierno, los medios de comunicación, la universidad. Una tarea para la policía. Los que decretaron por su autoridad o los que aceptaron en nombre de otros el confinamiento no se hicieron responsables de aliviar el maltrato que suponía para el cuerpo, la mente, el alma.

A cambio se distribuyeron cifras precarias, inmanejables, en forma de placebo existencial. Y opiniones y *preprints*. Brotaron como setas gurús de la estadística y ocuparon el espacio de la comunicación. Algunos, que procedían de esferas oficiales, desertaron enseguida por vergüenza intelectual. Se necesitaba alimento para el alma, pero en las reservas de emergencia solo se encontró periodismo amateur y aritmética imaginativa. Los intelectuales académicos y los otros desertaron sin decir palabra, excepto repetir y abanderarse con las opiniones que circulaban por cualquier patio de vecino. Y, al final, como aquellos londinenses denunciados por Daniel Defoe en el *Diario del año de la peste*, o como aquellos universitarios a los que se dio patente de corso para viajar con la conclusión abrupta de las clases, huyeron de la ciudad, de la polis, de su responsabilidad, y su misión fue propagar la epidemia de penuria y de coronavirus.

Debemos pensar que el confinamiento era inexcusable, está bien. Las instituciones (fuera de la seguridad y la asistencia social) no estuvieron a la altura, pero la medida era necesaria, urgente. La única forma de salvarse. Había que hacerlo, era duro, coraje. Cuando yo era universitario se contaba un chiste: todo el mundo sabe para qué sirve follar, pero nadie lo hace por eso. En realidad, no sabemos para qué sirve (excepto para procrear), ni por qué lo hace la gente. Me inclino por hacerlo, desde luego, pero cuando llega el caso es mejor saber por qué se hace. No hay que convertirlo en el acto confuso en que a veces termina convertido.

El Estado (las categorías estatales llevadas a la práctica), aquí y en otros sitios, hace tiempo que mantiene la costumbre de legislar sobre los cuerpos: muerte, embarazo, género, jornada laboral, tiempo de escolarización, periodo vacacional, prostitución. No sabemos cuándo se firmó eso en el famoso pacto social, o si ha sido una firma implícita en una transacción secreta. Cuerpo a cambio de seguridad, por ejemplo. O cuerpo a cambio de salud. O cuerpo a cambio de bienestar. El Estado español ya tiene su lista de identidades de género. En total, 37: bigénero, cross-dresser, pangénero, drag-king, transexual, transpersonal, FTM, No Op... Son 37, ni más ni menos. Treinta y siete. Parece una cifra suficiente —por lo que abulta— para desmentir a su vez cualquier lista cerrada o que pretenda cerrarse sobre identidades de género, empezando por ella misma. Parece más bien una lista abierta a posibilidades. A posibilidades limitadas. Al final, siempre habrá una lista, una cifra. Miles, millones en la lista de identidades de género. ¿No sería mejor que la identidad de género —ya puestos a denominarla con una categoría estatal— fuese asunto de cada cual? No se discute eso: se puede discutir la cifra o las posibilidades, pero no eso.

A esta intromisión del Estado en la identidad y legalidad de los cuerpos Foucault y otros la llamaron *biopolítica*. La biopolítica es el nuevo campo de poder de la administración del Estado. Quizá el único que le han dejado libre los mercados financieros, las grandes industrias, la tecnología, el comercio global, la sociedad de consumo. El cuerpo como último territorio de explotación por el Estado, el nuevo Oregón.

No hay ninguna exageración. Por otro lado, el lenguaje es un agente infiltrado. Es muy difícil no ser delatado si uno tiene que estar hablando todo el tiempo. Por lo general, los políticos y los portavoces no suelen ser lingüistas avezados ni narratólogos y se conforman con un nivel expositivo de encargado de concesionario para alcanzar cotas persuasivas. Los griegos sabían que si hablas, es imposible mentir. O como en el dicho español: por la boca muere el pez.

Discutimos si el decreto de confinamiento remite a una política general de control del cuerpo, no el confinamiento mismo. En Suecia, por poner otro caso, la Constitución prohíbe confinar en tiempos de paz. Esa es la razón de su aparente liberalidad en la gestión de la Covid-19. Ni inmunidad de rebaño, ni confianza ciega en la responsabilidad de los ciudadanos. Lo impedía, sencillamente, una ley que no puede cambiarse.

El 19 de mayo, en su comparecencia ante los medios, el director de Coordinación y Emergencias Sanitarias, Fernando Simón, que durante el periodo más crítico había declarado que las mascarillas de protección no eran necesarias ni obligatorias, confesó que «en las reuniones se valoró qué medidas eran realizables». «Lo que se valoraba no era el nivel de riesgo ni las medidas que nos gustaría tener, sino las que podíamos realizar.» Para concluir: «No pedimos mascarillas porque había escasez». Estas consideraciones fueron recogidas al día siguiente por periódicos como *El País* o *La Vanguardia*. Se dijeron más cosas sobre las mascarillas y bastante más intolerables, pero por ahora basta.

Toda una declaración de principios. No se informó del riesgo que se corría sin mascarilla, porque no había mascarillas. Esa información vital para nuestro cuerpo fue sustraída por un funcionario del Estado que se creyó con derecho a hacerlo y que se arrogó un poder de legitimidad desconocida. Interpretó además que los ciudadanos no podían discernir por sí solos lo que era más conveniente para proteger su cuerpo. Les hurtó, por último, la posibilidad de defenderse del virus con otras medidas a su alcance. Por supuesto, el conocimiento del peligro no llevó a este funcionario ni al Gobierno que le había colocado en el puesto a suministrar información sobre cómo protegerse mediante sistemas caseros. La razón es sencilla y la clave de todo: porque ya habían decidido no pedir mascarillas con la justificación de que no eran necesarias. Y no eran necesarias, porque no había. La justificación, engañosa, fue la decisión mayor.

Dicho de otra manera: ya habían decidido que el cuerpo individual de los ciudadanos no era suyo, que los ciudadanos no eran autoridad competente en esa materia. El confinamiento era pues la medida adecuada para quienes no eran dueños de su cuerpo ni tenían autoridad sobre él. Del mismo modo en que tampoco la tienen sobre la forma de morir, sobre su sexo y sobre otras cosas en las que el cuerpo propio aparece implicado, ya pertenezcan al tiempo o al espacio.

Este control había ido endureciéndose a lo largo del siglo pasado, aunque ha supuesto una lenta marcha de nuestra civilización. Las instituciones políticas y civiles comenzaron por establecer y sancionar los vínculos familiares y matrimoniales —de origen privado hasta una época bastante reciente de nuestra Historia— y ha terminado por presidir y dominar la vida y la muerte de los ciudadanos.

Ni en Grecia ni más tarde en Roma estaban generalizadas esta clase de intervenciones públicas sobre el ser de las personas. Ni el matrimonio ni las prácticas sexuales estaban regulados de manera alguna. El marco de valoraciones morales hacía referencia a la capacidad de control sobre las pasiones, al equilibrio, a una cierta ataraxia y punto medio (epicúreos y estoicos).

Pero no iba más allá y era, de todos modos, un asunto que cada cual debatía en conciencia.

Ya bastante avanzado mayo, un análisis publicado por el diario *El País*, a cargo de distintos especialistas, denunciaba que las medidas para la desescalada no estaban refrendadas por la información estadística de que se disponía. El artículo se titulaba: «Asteriscos, incoherencia y opacidad». Entre otras cosas denunciaba que las cifras eran incompletas, que no se mantenían las series numéricas durante los días claves de desconfinamiento, que las fechas cambiaban continuamente, que aparecían nuevos fallecidos, pero no se decía cuándo, que no se aclaraba en qué consistía un caso confirmado ni por qué medios, que había incoherencia entre datos y gráficos y que no hubo datos de test durante un mes.

Toda esa información era crítica para iniciar las fases que nos llevarían a la normalidad, llamada «nueva normalidad». Lo era sobre todo en un sentido: en el acuerdo o desacuerdo que los ciudadanos podrían mantener con las medidas y decisiones tomadas por el mando único contra la pandemia. Era igual de malo que el Gobierno dispusiera de información y no la hiciera pública, que no tenerla y aun así seguir adelante con un plan que sería entonces un viaje a ciegas por el filo de la navaja.

Más allá del significado sanitario, volvía a transmitirse la idea de que el cuerpo había cambiado de dueño. Si con el asunto de las mascarillas lo que se hurtaba era la autoridad y la información sobre el cuerpo privado, ahora lo sustraído era el conocimiento de la situación, el paisaje en el que estaríamos obligados a intervenir.

La imagen adecuada para la visión que tiene el Estado de la relación personal con el propio cuerpo es la del zombi. Lo usamos para movernos o que nos muevan, pero no somos sus dueños ni estamos del todo en él, pues nos levantamos y avanzamos con la fuerza prestada de un oscuro hechizo. Muertos vivientes.

Sin cuerpo no hay Eros ni conocimiento. Cuerpo es lo que está entre cuerpos, lo que puede unirse a ellos o separarse de ellos. Su fin es llegar al *sentirse ser* aristotélico. Y también el de la generación platónica. Cuerpo es lo que genera: genera otros cuerpos, genera conocimiento, genera amor. Cuerpo es lo que tiene alma.

atracción erótica, atracción filosófica

La relación entre Eros y conocimiento no es solo platónica, es un hecho. En el relato de mi vida, la edad dorada de esta unión son los años universitarios de la década de los setenta, en Madrid. La necesidad de saber era angustiosa bajo el régimen de Franco. Saber qué pasaba en otros países, las novedades literarias y artísticas, el mundo exterior que parecía avanzar a toda velocidad, mientras España era una caravana polvorienta. También saber sobre uno, sobre su sexualidad, su pensamiento, descubrirse y revelarse en un contexto de límites estrechos, de prohibiciones y represiones.

Proliferaban las tertulias y seminarios de todas clases, en un formato humilde, casero o de bar, sin pretensiones intelectuales desbocadas, apenas con el deseo de comprobar que otro mundo existía. Ningún lugar más propicio para el encuentro erótico. De la efervescencia filosófica a la sexual no hay distancia. La sensación del descubrimiento intelectual es erótica y la atracción erótica pertenece al género del descubrimiento, de la exploración.

Las reuniones solían prolongarse hasta muy entrada la noche, buscando esa frontera en que las ideas empiezan a exigir alguna intimidad y solo adquieren verdadero peso cuando podemos tocarlas, acostarnos con ellas, abrazarlas. Compartir el sueño es como compartir las ideas, penetrar en ellas es como penetrar en otro, hacerlas tuyas es hacer al otro uno. El lenguaje erótico y el del conocimiento se solapan. Sin empujar los límites del conocimiento no puede haber amor.

Eros y Psyché en la fábula de Apuleyo. Eros solo puede madurar y encontrar satisfacción cuando se encuentra con el alma, la mente, la inteligencia de lo eterno. Y al revés, Psyché solo puede engendrar, generar, producir si se une con Eros, si le comunica Eros el aliento y la ternura de la carne.

El escenario del confinamiento nos ha dejado una declaración, más bien una confirmación: la política del futuro será la biopolítica. Las categorías estatales seguirán entrando en nuestro cuerpo y despojándonos de él. De todo lo que es cuerpo, de su camino hacia los otros, de su Eros, de su conocimiento y generación de realidades. En el futuro esperan los cíborgs. Prótesis y prótesis hasta que al fin nos separemos de nuestros cuerpos, convertidos en soportes o en interfaces de las tecnologías y de los mandatos que ocuparán la inteligencia y el espacio.

Y el confinamiento también ha dejado algunas paradojas y dilemas sobre nuestra propia y privada consideración del cuerpo. Y sobre quién dispone de él y para qué. Muchos han sufrido el dolor y la dureza de sentirse amputados del mundo. Por el camino, otros —y también los mismos— han descubierto que el trabajo presencial tenía algo de disciplina extralaboral, de ejercicio del poder ajeno. Ni la eficiencia ni la competencia han experimentado cambios cuando se trataba de actividades intelectuales y de gestión al hacerse desde casa. En otros casos, se ha demostrado que la cantidad de horas presenciales estipuladas en los contratos era arbitraria o respondía a otros motivos.

Es probable que surjan reivindicaciones y modificaciones laborales. Por otro lado, el trabajo sigue siendo en Occidente el instrumento de socialización por excelencia. En ese espacio se toma contacto con lo actual, se amplía el campo de acción y de comunicación, se hacen amigos, amantes, los individuos sienten que están en sociedad, en resumidas cuentas. Y el asunto de la presencia entre los otros es crucial, como se ha visto, para la propia existencia.

El individuo autorreferencial, autárquico, aislado por decisión propia es una imagen preprogramada en la política de control del cuerpo. Cuerpo autoconfinado, un modelo. Un nerd forma parte del establishment, sea o no de su agrado. En griego, la palabra es *idiótes*, el que se ocupa sobre todo de sus asuntos privados. Lo privado es el camino hacia lo idiota. El objetivo, en cambio, sería defender los derechos de uso del propio cuerpo, la individualidad y subjetividad que implica disponer de él libremente o con una libertad solo limitada por obligaciones explícitas y aceptadas. Ni zombies ni cíborgs.

Es indudable que para otros el confinamiento ha sido restaurador. La presión laboral o escolar, las tensiones, la mirada ajena cuando se siente como una condena, la competencia feroz se han suavizado o han podido suavizarse —en otros casos, la inestabilidad del puesto de trabajo o la necesidad de justificarlo han multiplicado los males. Muchos han empleado este periodo en lavar las heridas y tomar aliento. Y han sentido el aislamiento como un caparazón contra el peligro exterior que acechaba en cada nueva jornada.

Ahora bien, no se puede ser mariposa con caparazón. Conozco niños que durante el confinamiento han mejorado increíblemente las notas escolares o la conducta en el aprendizaje, síntomas de que antes había una dificultad que solo puede estar relacionada con el espacio social. Ahí debiera producirse también una reflexión, cuya conclusión no puede ser la sobreprotección o el aislamiento del niño para paliar los riesgos de la interacción. Ni que nadie —padres, profesores, compañeros— rehúya darse por aludido.

Lo que sucede es siempre un misterio, el ahora es enigmático más que fugitivo. Sabes poco o nada de este instante, poco o nada de lo que estamos viviendo. Los adivinos griegos se ocupaban sobre todo del presente, como mucho de lo inminente, lo más difícil de diagnosticar. El tiempo, las líneas maestras del tiempo, les preocupaban apenas. La historia, nada en absoluto. Suponían que cada época y cada sociedad lo hicieron lo mejor que pudieron, pero que ellos tenían que escribir la vida que les había tocado y encontrar su significado. Para ello se servían, cómo no, de materiales heredados, como los trágicos heredaron los mitos. Pero los usaban con un sentido propio, para una existencia y un universo distintos. Para gentes distintas.

Quizá ellos sean nuestros mitos, esas verdades a las que la ciencia aplicada no alcanza, porque no son empíricas ni lógicas ni demostrables. Verdades del corazón, nada más. Sobre lo eterno, lo intangible, lo sustancial, los dioses, los muertos, el amor. Su actitud ante la vida está muy lejos de la nuestra, qué duda cabe. Pero son nuestros antepasados. Algo de ellos todavía viaja con nosotros. Tal vez tengamos que usarlos para descubrir el sentido de lo que hacemos, quiénes somos. O qué haremos, quiénes seremos.

Son nuestros muertos y siempre se ha dicho que los muertos se ocupan de los vivos. Alguien tiene que cuidarnos. Con alguien tendremos que hablar, ahora que no tenemos cuerpo ni tiempo para ir en busca de los semejantes, de los nuestros.

A última hora de la tarde ha llovido. La temperatura ha bajado unos cuantos grados y los peatones han desaparecido (los niños pueden salir hasta las siete y se permite hacer deporte hasta las once). De nuevo, esa sensación de ciudad abandonada que había remitido un poco en los últimos días. La humedad da brillo a las fachadas, el aire está limpio, las hojas de los árboles, los parabrisas, las luces de la calle chispean en la primera oscuridad. Los desiertos, los océanos, las cumbres, por sí solos, no producen sentimiento de soledad: hay que añadirles algo, un objetivo o un afecto humano. Pero las ciudades vaciadas son monumentos a la soledad íntima. Lo que debería estar y no está, lo que podría ser y no es, lo que se podría hacer y no se hace. Mientras tanto, puede que todos estén en sus casas y puede que no. Puede que se hayan ido sin decir nada. Tal vez ha ocurrido un éxodo universal del que no me he enterado. Todo el mundo va camino de otro planeta o de otra galaxia. El pasado parece fantasmagórico. El futuro es solo esta hora congelada en el tiempo. No hay dónde ir. La inmovilidad es lo único que deja huella.

En medio de la sensación, irrumpe la imagen de otra ciudad, hará unos treinta años. Se ha colado en lo que contemplo ahora desde el ventanal y es esta ciudad, así como esta ciudad es la otra. Rotterdam, una tarde lluviosa, recién llegado en barco desde Hull e instalado en el hotel, corro los visillos y ahí delante aparece el centro solitario de lo que podría ser tranquilamente un barrio industrial, un polígono de almacenes o talleres; en todo caso, una ciudad levantada deprisa para ocultar escombros, un campamento de naves de refugiados de otra época, que ya ha sido abandonado. Pero es el centro de la ciudad.

Lo interesante es que se trata de una impresión viva, que está sucediendo en este momento, es decir, que estoy en Rotterdam, aunque para ello no necesito irme de Madrid. No es como el paseo por los recuerdos de Berlín. Estar en Madrid me permite contemplar detalladamente cómo es ese barrio de Rotterdam, cosa que entonces no hice, porque enseguida me acechó la angustia. Llevaba mucho tiempo lejos de casa, tardaría en volver y en Rotterdam no me esperaba nadie hasta dentro de día y medio. Ahora, desde el ventanal, tengo la paz que necesito para ver lo que no vi de Rotterdam y dejarme llevar por ella sin la tiranía de los estados de ánimo.

¿Hay un pasadizo por el que se comunican los tiempos, los tiempos que han muerto y los tiempos que están vivos, de tal modo que todo estuviera vivo de repente, todo se hablara? ¿Y otro por el que se comunican los lugares, los de la memoria oculta y los que discurren ante los ojos?

Si así fuera, nunca estaríamos solos..., ni nunca estaríamos muertos. Nos acompañarían las soledades de otros momentos, los otros que fuimos estando solos. Y nos llamarían los vivos para hablar de mil cosas pasadas aún pendientes, ahora que nuestro tiempo ya pasó.

Ya es muy tarde cuando oigo el susurro de una conversación que sucede a cuatro o cinco metros del alféizar, estoy sentado en el sofá, repasando para una clase el poema consolatorio de Arquíloco a Pericles que he citado antes. Los interlocutores, un hombre y una mujer de mediana edad, están parados. No pueden verme y pienso en irme de allí. Pero escucho, de pronto:

—Sí, parece que ya podemos hablar de los muertos —dice el hombre—. A mi madre no pude verla. Me mandaron las cenizas en una de esas urnas.

—Yo tampoco a mi hermano. Fueron los peores momentos, qué pena. Qué pena. Pero por lo menos ahora podemos hablar de ello. Entonces no se podía hablar. Había demasiado miedo y demasiada tristeza. Uno se despedía en su cabeza y callaba —dice la mujer.

—Qué pensarían los pobres, muriéndose solos. Nadie lo imaginaba. Está la familia, los seres queridos, no llevaron una vida para morir solos. No podían imaginarlo. No podemos imaginar nada de lo que va a pasar.

—Creo que se acordaron de nosotros y que eso les alivió.

—¿Crees que eso les consoló?

—No sé —responde la mujer—. Pero seguro que les alivió. Se despidieron en su mente y en su corazón, con sus recuerdos. En el último momento, estaban rodeados de todos los suyos. Estoy segura.

—Ojalá. Por lo menos, es tranquilizador pensarlo.

—¿Qué harías tú? ¿Lamentarte? Es un momento muy serio. No hay tiempo para lamentos. Llamas a los tuyos, de la forma que sea, con lo que tienes a mano. Y ya está. Ellos acuden. Lamentarse es para los que creemos que vamos a seguir vivos. Para los que creemos que merecemos más.

Cuando se fueron, todavía sentía los ecos de la conversación. No por lo que se dijo —aunque lo que se dijo, en el contexto de mis últimos pensamientos, no dejaba de ser un poco estremecedor—, sino por la increíble ternura con la que se dijo. Era un tono bajo, melódico, tranquilizador, como cuando se quiere dormir a un niño. No hay una palabra más alta que otra, no hay énfasis. Eso es: no hay énfasis. No hay que acentuar, no hay que durar, es como si la medida estuviera dada de antemano. Como si cuando se hablase de lo que nos retuerce, el ritmo ya nos estuviera esperando. El conocimiento que destilaban las palabras de la mujer eran un ritmo, salían del ritmo. Y es imposible reproducirlo. Seguramente, ella tampoco podría reproducirlo. Un instante de iluminación, en el que todo se ve con una luz nueva, fragante como el aire de aquella noche. Y el universo pone la música.

ÍNDICE